仮想通貨

CRYPTO CURRENCY

トレード法人の

設立と節税

個人投資家のための起業 A to Z

著 柴崎照久 / 木村健太

Pan Rolling

はじめに

　筆者は、1990年に神戸で独立開業した公認会計士・税理士です。文字どおり裸一貫から立ち上げた筆者の事務所は、25年以上の歳月が流れ、400社を超える顧問先を抱えるまでになりました。

　自分自身が独立をしたときに苦労したこともあり、事務所では特に新規創業を志す人たちへの助言・支援に力を入れています。これまで、多種多様な法人（会社）の設立や、数多くの新法人の税務会計顧問を手がけてきました。

　そうした新規創業を志す人たちからの相談で、2000年代後半から目立ってきたのが「個人投資家によるFX（外国為替証拠金取引）トレードのための法人設立」でした。

　初めてこの相談を受けたときは、少しばかり驚いたことを覚えています。FXトレードをするために法人を設立するという発想は正直なかったからです。

　以来、FXトレードのための法人設立についての情報をコツコツと発信し続けたところ、全国から多くの法人設立と税務顧問の依頼が寄せられるようになりました。

　そして2017年、折からの仮想通貨フィーバーが全世界を駆け巡り

ました。筆者の顧問先のFXトレード法人もその多くが新たな投資手段として仮想通貨トレードに注目するようになったのです。また、新たに仮想通貨トレードのために法人を設立する人も多数出てきたのです。かつて、FXトレードに対する個人課税が、原則として「雑所得」扱いによる総合課税だったように、仮想通貨トレードに対する個人課税も「雑所得」扱いによる総合課税となりました。そのため、個人で仮想通貨トレードを行うことは、税制上デメリットが大きいといわざるを得ません。

　一般事業法人の設立や節税に関する書籍は、すでに多数あります。しかし、こと仮想通貨に特化して法人設立から節税全般についてまとめた類書は、まず見当たりません。

　テーマを絞れば、非常に多岐にわたる制度のなかから枝葉末節と思われる部分をできるだけ省き、より大切なところを重点的かつ実践的に説明できます。そこでこのノウハウを体系化して本にまとめれば、多くの個人投資家に喜んでもらえるのではないかと考えました。これが本書を執筆した一番の理由です。

　世界中のどこでも安価で瞬時にお金を送金できる手段として注目された「仮想通貨」が、いつの間にか巨額の資金が集まる投機市場へと変貌してしまいました。価格が不安定である以上、それは致し方ないことかもしれません。仮想通貨市場が巨大市場となったがために、国家を超越した自由さが魅力だった仮想通貨に、国家の規制が必要になってくるのも、また自然なことなのでしょう。投機を抑

えるために証拠金取引のレバレッジを規制したり、証拠金取引自体を禁止すべきだという意見も、個人投資家保護のためには必要なのかもしれません。仮想通貨技術を使った資金調達手段であるICO（Initial Coin Offering　イニシャル・コイン・オファリング）も個人投資家にとって、ハイリスク・ハイリターンであることは否定できません。

さらに、重要なことは、仮想通貨そのものに絶対的な価値はなく、将来無価値となる可能性もある以上、筆者としては、ICOも含めた仮想通貨トレードで獲得した利益は、法人をうまく活用して速やかに、株式や不動産などのリアルな投資資産に置き換えていってもらいたいというのが、本書を執筆したもう一つの理由です。

仮想通貨トレードを法人で行うニーズとメリットが現時点で、大きいことは間違いありません。

本書の特長は、大きく次の3つに集約されます。

①仮想通貨トレード法人は、通常は「合同会社」で十分である
②トレードを目的とした法人の設立運営の全体像が分かる
③仮想通貨トレード法人に適した節税のノウハウが分かる

また、本書は次のような人にお読みいただければ幸いです。

①個人が保有する仮想通貨で多額の含み益が生じている人
②仮想通貨トレードその他で生計を立てている人
③将来そうなりたい人

なお、本書では合同会社のほかに、「一般社団法人」という新たな法人形態も取り上げていますが、①の個人が保有する仮想通貨で多額の含み益が生じている人の場合には、「一般社団法人」の活用を検討されることをお勧めします。

　一方、次のような人には、本書を（というよりも法人化を）積極的におすすめしません。

> ①仮想通貨トレードに対する個人課税のデメリットに対して、不満足を感じていない人
> ②給与所得など安定収入があり、副業程度でしか仮想通貨トレードをしていない人

　今後は多くの個人投資家が、仮想通貨トレード法人で新しい人生を踏み出し、切り開いていって欲しいと筆者は願っています。

　もちろん、どの世界でも同じですが、現実にはうまくいっている人ばかりではありません。残念ではありますが、法人での仮想通貨トレードを止めたほうがよいのではないかと助言せざるを得ない人が今後出てくることも事実でしょう（本書では法人の解散と清算の仕方にも言及しています）。

　しかし、仮想通貨やICOのトレードで成功されている個人投資家にとっては、トレード法人設立は大いに一考の価値があると確信しています。本書が一人でも多くの才能ある個人投資家のさらなる「経済的自立」の一助となりますことを願ってやみません。

　なお、本書は2018年（平成30年）7月末日現在の法令に基づいて執筆しています。またできるかぎり、それ以後の税制改正についても触れています。

　また、本書に書かれている節税に関する内容は、基本的な対策をまとめたものです。したがって、実施にあたっては、税理士など専門家のアドバイスを受けて、齟齬のないようにされることを強くおすすめします。

　なお、本書内容に正確を期すよう万全の努力を払いましたが、記述内容に誤り、表現の不統一などがありましても、その責任は負いかねます。何卒ご了承いただきますようお願いいたします。

　2018年9月

柴崎　照久

刊行にあたって

　2018 年秋を迎え、仮想通貨元年と言われる 2017 年の申告に対する税務調査が本格化している。

　仮想通貨の税務調査は、仮想通貨長者である納税者のスマホの認証コードアプリに登録されている仮想通貨取引所を確認することからはじまる。これにより国内、国外を問わず、納税者が利用している取引所が把握されることになる。

　税金は儲けた以上に取られることはないと言われているが、仮想通貨に関してはそうとも限らない。

　私がこの文章を書いている 2018 年 9 月現在、仮想通貨の取引量はピーク時の半分に減り、主要通貨であるリップルでさえ、最高値の 10 分の 1 以下の価格に落ち込んでいる。

　2017 年に儲けたお金が残っていれば問題はないが、2018 年になって再投資をしている場合、価格下落により納税資金がなくなっている可能性もある。

　今後は国の規制や大手企業の業界参入を受け、今よりは取引環境が落ち着いてくると考えられるが、それでもボラティリティの激しい仮想通貨取引で毎年利益を上げ続けるのは至難の技だろう。

　仮想通貨取引を法人で行うメリットはいくつかある。メリットとして筆頭に取り上げられるのは利益に対する税率の低さである。そ

れと同じぐらい大きなメリットと考えられるのが赤字を最大10年間に繰り越せることだ。

「生き残れ！ 儲けるのはそれからだ」とはジョージ・ソロスの格言だが、法人で取引していれば運悪く年間収支で赤字を出したとしても、生き残りさえすれば、その赤字が翌年以降の黒字と相殺できる武器に変わる。現在の制度上、個人取引のままではそれが出来ず赤字は切り捨てとなる。

本書では、仮想通貨取引を行っている個人投資家が法人化を検討した際の設立手順からメリット、デメリット、設立後の運用、節税方法まで網羅的に解説している。

柴崎先生にお声がけいただき共著という形をとらせていただいているが、その大部分はこれまでFX投資家をはじめ、様々な企業の設立から運用の支援をされてきた柴崎先生の経験、知識から導き出された内容となっている。

常日頃から大変お世話になっている柴崎先生に、この場を借りてお礼申し上げたい。

私の大好きな仮想通貨が、投資や決済の対象として世の中に浸透し、この書籍をきっかけに私自身も税理士として皆さんの適正な申告、節税のお手伝いをする機会となれば幸いである。

2018年9月

木村 健太

目次

CONTENTS

目次

CONTENTS

CONTENTS

crypto currency

第1章

仮想通貨トレードと個人投資家

1-1. 仮想通貨に関する主な法規

すべては改正資金決済法から始まった

2016年5月　改正資金決済法の成立
2017年4月　改正資金決済法の施行

　仮想通貨は2009年の登場以来、少しずつ広がりをみせていた一方で、以下の２つの問題点が指摘されていました。

・仮想通貨の販売、仲介業者に対する規制がなく、参入業者の審査や監視も不十分なため、業者が破綻した場合の利用者保護が十分ではない。
・仮想通貨の特徴である匿名性の高さゆえに犯罪や脱税に利用されやすい。

　これらの問題を解消することを目的として、改正資金決済法が成立・施行されました。これが、いわゆる「仮想通貨法」です。
　2014年に仮想通貨取引所マウントゴックスの巨額なコイン消失事件が起きたこともこの法律が作られた契機の一つです。
　改正資金決済法の成立によりはじめて日本政府は、ビットコイン

（BTC）を代表とする仮想通貨が、財産的価値を持つ「モノ」であると法律上の定義をしたことになります。

改正資金決済法では、

・仮想通貨の法律上の定義

・仮想通貨交換業の定義

・仮想通貨交換業の規制

の３つが明記されています。

法律成立当時は、仮想通貨の交換業者については「免許制」ではなく、要件を満たせば参入を認める「登録制」が敷かれ、仮想通貨が広まりやすい環境作りが行われました。

これは、仮想通貨も国が推し進めるフィンテックの一部だからです。

こうして2016年末から2017年にかけて、仮想通貨は主に投機対象としてその取引が活発になっていきました。

仮想通貨の税務上の取扱いについては、2017年になってから少しずつ国税庁発表の情報を通して明らかになっていきます。

諸外国においても、仮想通貨を金銭として捉える国、外貨として捉える国、財産・モノ（property）として捉える国など様々であり、その定義や位置付け、税務上の取扱いは一様ではありません。

そのため、仮想通貨に関する税制は、今後仮想通貨の普及とともに現状を踏まえながら改正を重ねていき、望ましい形へ進化してい

くものと考えられます。

　なお、仮想通貨を英語では「crypto currency（暗号通貨)」とい
い、公的には「暗号資産」と呼ばれますが、社会的な認知の面から、
本書では「仮想通貨」という名称を使用します。

<資金決済法とは>
　商品券、プリペイドカード、電子マネーなどの前払い式支払い手
段や資金移動業、資金精算業について規定する目的で2010年に施
行された法律であり、2016年5月の改正により、この法律の第2
条の定義の中に仮想通貨が記載されたのが、改正資金決済法です。

仮想通貨の税務に関する国税庁の見解

　2017年8月28日、国税庁はタックスアンサーの中で、仮想通貨ト
レードにより生じた利益について、2つのことを明記しました。

①所得税の課税対象であること
②原則「雑所得」に区分されること
詳細：国税庁HP（タックスアンサー）
https://www.nta.go.jp/taxes/shiraberu/taxanswer/shotoku/1524.htm
「No.1524　ビットコインを使用することにより利益が生じた場合の課税関係」

　「仮想通貨はトレードの他、物品の購入等に使用できるものです

が、この仮想通貨を使用することで生じた利益も、所得税の課税対象となります。この仮想通貨を使用することにより生じる損益（邦貨又は外貨との相対的な関係により認識される損益）は、事業所得等の各種所得の基因となる行為に付随して生じる場合を除き、原則として、雑所得に区分されます。」

　さらに、国税庁は2017年12月に次の個人課税課情報第4号「仮想通貨に関する所得の計算方法等について」の中で、同年8月のタックスアンサーに記載された取扱いについての具体的な計算を含めた次の9つのFAQを国税庁サイト上で公表しました。

①仮想通貨の売却
②仮想通貨での商品の購入
③仮想通貨と仮想通貨の交換
④仮想通貨の分裂（分岐）
⑤仮想通貨の取得価額
⑥仮想通貨に関する所得の所得区分
⑦損失の取扱い
⑧仮想通貨の証拠金取引
⑨仮想通貨のマイニング等

　この12月の個人課税課の情報では、仮想通貨トレードによって生じた所得の具体的な計算方法の他、原則「雑所得」として所得税課税される仮想通貨トレードが例外的に事業所得として課税される

ケースについても触れられています。

　ここで明らかになった内容については後の章で具体的に解説します。

損失取引

　仮想通貨トレードによって生じた利益は雑所得として課税されますが、損失については、雑所得以外の他の所得と通算することはできません。いわゆる損益通算不可です。

　これは誤解が多いところなのですが、給与所得などの雑所得以外の所得との損益の通算が不可なのであって、雑所得内での損益の通算は可能です。

　例えば仮想通貨トレードの損失と外貨預金の利益を通算して相殺することはできます。

<計算>　損益通算ができない例

給与所得	プラス	800万円
＋）仮想通貨トレードの損失	マイナス	500万円
通算できない		

<計算>　損益通算ができる例

外貨預金の為替差益	プラス	800万円
＋）仮想通貨トレードの損失	マイナス	500万円
通算後の利益	プラス	300万円

　次のものが仮想通貨トレードの所得と通算可能な雑所得に該当する取引の代表的なものです。

> ・年金や恩給などの公的年金等（遺族年金や障害年金は非課税）
> ・非営業用貸金の利子
> ・著述家や作家以外の人が受ける原稿料や印税、講演料や放送謝金など
> ・アフィリエイトの収入やインターネットオークションの売上（生活用動産は非課税）
> ・税務署等からの還付加算金
> ・先物取引や外国為替証拠金取引および店頭FX
> ・店頭CFDなどの店頭デリバティブ取引に関わる所得
> ・外貨建預貯金の為替差益
> ・生命保険契約等の定期年金

消費税の取扱い

　仮想通貨は「モノ」としての取り扱いのため、当初は仮想通貨のトレードを行うと８％の消費税等が課税されていました。

　その後、改正資金決済法により仮想通貨が貨幣と同等の支払手段として扱われるようになったこと、Ｇ７諸国の制度と合わせること

等により、2017年7月1日以後、消費税法において仮想通貨は有価証券に類するものの範囲に含まれることとなり、仮想通貨トレードした場合にも消費税等が課税されない非課税扱いに変更されました。

> **消費税法施行令　第9条　有価証券に類するものの範囲等**
> 　1〜3　省略
> 　4　法別表第1第2号に規定する支払手段に類するものとして政令で定めるものは、資金決済に関する法律（平成21年法律第59号）第2条第5項（定義）に規定する仮想通貨及び国際通貨基金協定第15条に規定する特別引出権とする。

　仮想通貨トレードが消費税等の課税対象から外れたことにより、一般の利用者だけでなく、仮想通貨交換業者も消費税の納税にかかわる事務処理がなくなりました。

1-2. 個人に対する課税

給与所得

　役員やサラリーマンの給与収入は「給与所得」として取り扱われ、所得税や住民税が課税されます。給与所得とは、その年（1～12月）の給与等の収入金額から「給与所得控除額」を差し引いたものです。

> 給与所得 ＝ 給与等の収入金額（給与収入）－ 給与所得控除額

　給与所得者は、いくら仕事に必要だからといって、スーツ代や昼飯代を必要経費にできません。しかし、給与を得るための経費が一

給与等の収入金額	給与所得控除額
162.5万円以下	65万円
162.5万円超～180万円以下	給与収入金額×40%
180万円超～360万円以下	給与収入金額×30%＋18万円
360万円超～660万円以下	給与収入金額×20%＋54万円
660万円超～1,000万円以下	給与収入金額×10%＋120万円
1,000万円超	220万円

切認められないのは、あまりにも不公平です。そのため、給与所得者の場合、年間の給与収入に応じ、次の計算式で算出した給与所得控除額を必要経費として差し引くことができます。

　給与所得控除額の上限は年々下げられており、2017年改正により給与所得控除額の上限は220万円になりました。

所得控除

　給与収入にかかる税金は、給与所得から「所得控除」を差し引いた「課税所得」から計算されます。

課税所得 ＝ 給与所得 － 所得控除

　「所得控除」とは、その個人の生活状況に応じて所得から差し引くことのできる控除のことです。次の15種類があります。

①雑損控除　　　　　　　　⑧寡婦（夫）控除

②医療費控除　　　　　　　⑨勤労学生控除

③社会保険料控除　　　　　⑩配偶者控除

④小規模企業共済等掛金控除　⑪老人配偶者控除

⑤生命保険料控除　　　　　⑫配偶者特別控除

⑥地震保険料控除　　　　　⑬扶養控除

⑦寄付金控除　　　　　　　⑭基礎控除

　　　　　　　　　　　　　⑮障害者控除

　所得控除は個々人の扶養家族の数や各種保険料の支払い状況に応じて適用が異なるため、個人差があります。多い人では控除額が年間200万円を超えることもあります。

　15種類の所得控除のなかには、実際のところあまり適用されないものもありますので、比較的よく使われる所得控除とその控除額を挙げておきます。

種　類	控　除　額
社会保険料控除	その年に支払った自分または生計を一にする配偶者など親族の社会保険料額
小規模企業共済等掛金控除	その年に支払った小規模企業共済等掛金の額
生命保険料控除	2011年末までの契約については、一般生命保険料と個人年金保険について、一定の算式により計算した金額（所得税はそれぞれ最大5万円、住民税はそれぞれ最大3.5万円） 2012年以降の契約については、一般生命保険料、介護医療保険料、個人年金保険について、一定の算式により計算した金額（所得税はそれぞれ最大4万円、住民税はそれぞれ最大2.8万円）
地震保険料控除	所得税は最大5万円、住民税は最大2.5万円
配偶者控除	配偶者がいる場合（所得税38万円、住民税33万円） ※2018年より世帯主の合計所得金額が1000万円以下の要件追加
老人配偶者控除	70歳以上の配偶者がいる場合（所得税48万円、住民税38万円）　※2018年より世帯主の合計所得金額が1000万円以下の要件追加
扶養控除	扶養親族のうち16歳以上の者1名につき（所得税38万円、住民税33万円）、19歳以上23歳未満の特定扶養親族については1名につき（所得税63万円、住民税45万円）
基礎控除	誰でも受けられる控除（所得税38万円、住民税33万円）

　なお、この表からも分かるように、所得税の所得控除額よりも住民税の所得控除額のほうが少ないことがあります。したがって、実

際は住民税で計算される課税所得のほうが多いのが一般的です。し
かし、税額計算の説明では便宜上、所得税の課税所得を基準とし、
住民税の課税所得も同じものとさせてもらいます。

税額計算

　所得税の税率は累進方式（課税所得が高くなるほど税率が上がる）
がとられていますが、住民税の税率は一律10％です。個人の課税所
得に対する所得税と住民税の合計は7段階の累進課税で次のように
なります。

課税所得	税率	控除額
195万円以下	15%	0円
195万円超〜330万円以下	20%	9万7,500円
330万円超〜695万円以下	30%	42万7,500円
695万円超〜900万円以下	33%	63万6,000円
900万円超〜1,800万円以下	43%	153万6,000円
1,800万円超〜4,000万円以下	50%	279万6,000円
4,000万円超	55%	479万6,000円

※2037年までは上記に加えて、復興特別所得税（原則その年分の基準所得
　税額の2.1％）の納税が必要です

　「控除額」とは、課税所得を"輪切り"に計算しても不公平感が
出ないように調整する金額です。例えば、課税所得600万円のケー
スで考えてみましょう。この場合、所得税と住民税の合計額は、

600万円×30％－42.75万円＝137.25万円となります。

　課税所得600万円は次のように区分できます。

---

① 195万円以下の部分　→　195万円分
② 195万円超〜330万円以下までの部分
　→　135万円分（＝ 330万円 － 195万円）
③ 330万円超〜600万円以下までの部分
　→　270万円分（＝ 600万円 － 330万円）

　そして、それぞれの課税所得区分に対する税額は次のようになります。

---

① 195万円以下の部分　　　195万円 × 15％ ＝ 29.25万円
② 195万円超〜330万円以下までの部分
　　　　　　　　　　　　　135万円 × 20％ ＝ 27　　万円
③ 330万円超〜600万円以下までの部分
　　　　　　　　　　　　　270万円 × 30％ ＝ 81　　万円
　　　　　　　　　　　　　　　　　　　合計　137.25万円

　つまり、課税所得600万円全額に税率30％をかけてしまうと、低い税率に対応する課税所得にまで一律に税率30％が適用されてしまいます。この不公平をなくすため、低い課税所得に対応する部分についての控除額が必要になるわけです。

サラリーマンの確定申告

　給与所得者、いわゆる「サラリーマン」の大部分は、給与支払者（勤め先）が行う年末調整によって所得税額が確定し納税も完了します。したがって確定申告の必要はありません。

　しかし、サラリーマンであっても、次のいずれかに当てはまる個人は、原則として確定申告をしなければなりません。

①給与年収が2,000万円を超える個人

②1カ所から給与の支払を受けている個人で、給与所得と退職所得以外の所得での合計金額が20万円を超える個人

③2カ所以上から給与の支払を受けている個人で、主たる給与以外の給与の収入金額と給与所得、退職所得以外の所得での合計額が20万円を超える個人

※給与所得の収入金額から、雑損控除、医療費控除、寄付金控除、基礎控除以外の各所得控除の合計額を差し引いた金額が150万円以下で、給与所得及び退職所得以外の所得での合計金額が20万円以下の個人は、申告の必要がありません。

　要は、通常のサラリーマンの場合、仮想通貨トレードによって20万円を超える所得が発生した場合、確定申告をしなければならないのです。

サラリーマンと住民税

　確定申告では、毎年度（1月1日〜12月31日）の所得を、翌年の2月16日から3月15日までの間に税務署に申告します（ただし源泉徴収された額が所得税よりも多く、還付を申告する場合は2月15日以前にも提出できます）。

　税務署に提出する確定申告書には、AとBの2つの様式があります。AはBを簡略化したものです。申告する所得が給与所得、雑所得、配当所得、一時所得のみで、予定納税額のない人は申告書Aが使えます（ただし、前年分から繰り越された損失額を本年分から差し引く場合は、申告書Bを使用してください）。

　サラリーマンが確定申告書を税務署に提出すると、税務署から市町村に確定申告書が回送されます。そして住民税が計算されるわけです。

　確定申告書AとBの第二表に「○住民税（・事業税）に関する事項」という欄があります。ここに「給与所得・公的年金以外の住民税の徴収方法の選択」という項目がありますので「自分で納付」のところに必ずチェックを入れるようにしてください（**図表1.1**）。

　自分で納付（普通徴収）を選択すれば、仮想通貨の取引に関する所得分の住民税は、本人宛に直接納付書が送られてきます。その納付書を使って本人が税金を納付するわけです。

　会社には給与分相当額の住民税の支払通知しかいきません。つまり、仮想通貨トレードについて、会社に知られずに済むわけです。

図表1.1　確定申告書でチェックを入れる場所（確定申告書B第2表）

平成　年分の所得税及び復興特別所得税の確定申告書B
整理番号
F A 0 0 7 7
第二表（平成二十九年分以降用）
住所
屋号
フリガナ
氏名
○ 所得の内訳（所得税及び復興特別所得税の源泉徴収税額）

所得の種類	種目・所得の生ずる場所又は給与などの支払者の氏名・名称	収入金額	所得税及び復興特別所得税の源泉徴収税額
		円	円
		㊹ 所得税及び復興特別所得税の源泉徴収税額の合計額	円

○ 雑所得（公的年金等以外）、総合課税の配当所得・譲渡所得、一時所得に関する事項

所得の種類	種目・所得の生ずる場所	収入金額	必要経費等	差引金額
		円	円	円

○ 特例適用条文等

○ 所得から差し引かれる金額に関する事項
⑩ 雑損控除　損害の原因　損害年月日　損害を受けた資産の種類など
損害金額　円　保険金などで補塡される金額　円　差引損失額のうち災害関連支出の金額　円
⑪ 医療費控除　支払医療費等　円　保険金などで補塡される金額　円
⑫ 社会保険料控除　社会保険の種類　支払保険料　円　合計
⑬ 小規模企業共済等掛金控除　掛金の種類　支払掛金　円　合計
⑭ 生命保険料控除　新生命保険料の計　円　旧生命保険料の計　円
新個人年金保険料の計　旧個人年金保険料の計
介護医療保険料の計
⑮ 地震保険料控除　地震保険料の計　円　旧長期損害保険料の計　円
⑯ 寄附金控除　寄附先の所在地・名称　寄附金　円
⑰〜⑲ 本人に関する事項　□ 寡婦（寡夫）控除　□ 死別　□ 生死不明　□ 離婚　□ 未帰還　□ 勤労学生控除（学校名）
⑳ 障害者控除　氏名
㉑〜㉒ 配偶者（特別）控除　配偶者の氏名　生年月日　明・大　昭・平　□ 配偶者控除　□ 配偶者特別控除　個人番号　国外居住
㉓ 扶養控除　控除対象扶養親族の氏名　続柄　生年月日　控除額　明・大　昭・平　万円　個人番号　国外居住
㉓ 扶養控除額の合計　万円

○ 事業専従者に関する事項

事業専従者の氏名	個人番号	続柄	生年月日	従事月数・程度・仕事の内容	専従者給与（控除）額
			明・大　昭・平		円
			明・大　昭・平		
				㊿ 専従者給与（控除）額の合計額	円

○ 住民税・事業税に関する事項
住民税　16歳未満の扶養親族　扶養親族の氏名　個人番号　続柄　生年月日　平　別居の場合の住所　寄附金税額控除　都道府県、市区町村分　住所地の共同募金会、日赤支部分　条例指定寄附　都道府県　市区町村
配当に関する住民税の特例　円　非居住者の特例　円
配当割額控除額　株式等譲渡所得割額控除額
給与・公的年金等に係る所得以外（平成30年4月1日において65歳未満の方は給与所得以外）の所得に係る住民税の徴収方法の選択　給与から差引き　自分で納付
事業税　非課税所得など　番号　所得金額　円　損益通算の特例適用前の不動産所得　円　前年中の開（廃）業　開始・廃止　月日
不動産所得から差し引いた青色申告特別控除額　事業用資産の譲渡損失など　他都道府県の事務所等
別居の控除対象配偶者・控除対象扶養親族・事業専従者の氏名・住所　氏名　住所　所得税で控除対象配偶者などとした専従者　氏名　給与　円　一連番号
○源泉徴収票、国民年金保険料や生命保険料の支払証明書など申告書に添付しなければならない書類は添付書類台紙などに貼ってください。
○第二表は、第一表と一緒に提出してください。

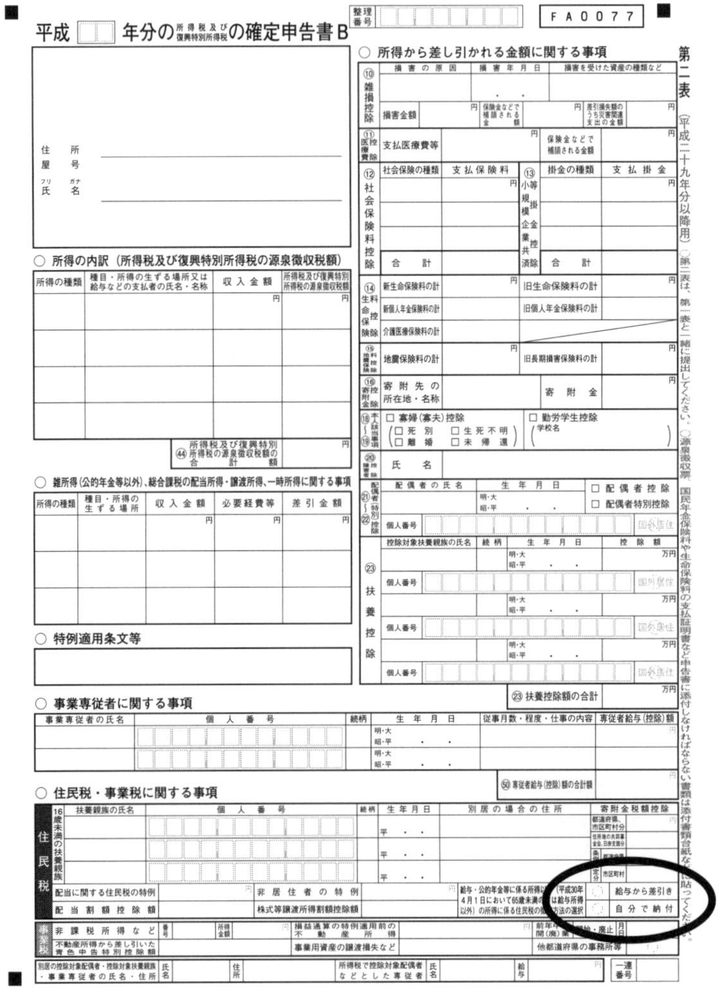

給与所得の税額計算例

　年収800万円のサラリーマンのケースで考えてみましょう。年収800万円のサラリーマンの給与所得控除は200万円ですので、給与所得は600万円です。

　また、所得控除は次のとおりとします。

社会保険料控除	52万円
生命保険料控除	5万円
配偶者控除	38万円
扶養控除	76万円
基礎控除	38万円
計	209万円

　すると年収800万円のサラリーマンにかかる税金は、次のように計算できます。

　　＜計算＞
　　給与所得　800万円−200万円＝600万円

　　　　給与所得　600万円
　　−）所得控除　209万円
　　　　課税所得　391万円

> 税額（所得税と住民税の合計）
>
> 　＝ 391万円 × 30% － 42.75万円
>
> 　＝ 74.55万円

　なお、便宜上、所得税と住民税の所得控除を同額としています。また、復興特別所得税（約700円）、住民税の均等割（4,000円）は考慮していません。以下の計算例も同様です。

仮想通貨の利益（雑所得）と給与所得の税額計算例

　ここに仮想通貨トレードによる雑所得が加わると税負担はどのように増加するでしょうか。

①仮想通貨トレードの利益が200万円の場合

> ＜計算＞
>
> 給与所得　800－200＝600万円
>
> ＋）雑所得（仮想通貨）　200万円
>
> －）所得控除　　　　　209万円
>
> 　課税所得　　　　　　591万円
>
> 所得税と住民税の合計
>
> ＝591万円×30%－42.75万円＝134.55万円

②仮想通貨トレードの利益が1億円の場合

<計算>
給与所得　800万円−200万円＝600万円
＋）雑所得（仮想通貨）　　1億　　　円
−）所得控除　　　　　　　209万円
　　課税所得　　　　　　1億391万円

所得税と住民税の合計
＝1億391万円×55%−479.6万円＝5,235.45万円

　年収800万円のサラリーマンが「億り人」になった場合、税金の負担は給料だけの場合の74万5,500円から5,235万4,500円へと大幅に増えることになります。

夫の扶養になっている主婦投資家の場合

　納税者に所得税法上の「控除対象配偶者」がいる場合、納税者は一定の金額の所得控除が受けられます。いわゆる配偶者控除です。
　控除対象配偶者は、その年の12月31日の現況で、次の4つの要件すべてに当てはまらなければなりません。

①民法の規定による配偶者であること（内縁関係の人は該当しません）
②納税者と生計を一にしていること

　所得控除が基礎控除（38万円）のみの専業主婦が仮想通貨トレー
ドで所得を出し、その所得が38万円を超えると、雑所得として課税
所得が生じます。したがって、納税者である夫の「配偶者控除」の
対象になれませんから、それだけ夫の支払う税金が増えるのです。

　例えば、仮想通貨トレードによる雑所得が138万円であったとす
ると、税額は次のとおりになります。

雑所得	138万円
－）所得控除	38万円
課税所得	100万円
所得税住民税合計	15万円

※この場合の所得控除は基礎控除38万円のみとしています。

　仮想通貨トレードで課税所得が発生し、確定申告をしなければな
らない主婦が、それを怠った場合、確定申告漏れを税務署から指摘
されることになります。

　申告漏れの場合、期限後の申告となりますので、無申告加算税や
延滞税が追徴されます。さらに、悪質と判断されれば、重加算税も
かかります。しかも、夫の配偶者控除の適用も取り消されることに

もなります。

　また、同居する専業主婦が夫の社会保険の被扶養者となるために
は、①②両方を満たす必要があります。

①年間「収入」が130万円未満

　（60歳以上または障害者の場合は180万円未満）
②被保険者（夫）の年間「収入」の2分の1未満

　したがって、仮想通貨の取引による「収入」が年間130万円以上
になれば、制度上は被扶養者から外れることになり、自分で国民健
康保険や国民年金に加入しなければならないのです。

　国民健康保険も、所得に応じて徴収される料金が増えてきます。
例えば仮想通貨トレードによる雑所得が130万円ぐらいの場合、国
民健康保険料は15万円くらいになります。さらに国民年金の負担ま
で考えると、その負担額は相当なものです。

仮想通貨トレードの所得は事業所得とならないのか

　事業所得とは継続的に事業を営み、そこから発生した所得です。
つまり「営利目的で、対価を得て反復継続して行われるもの」が該
当するとされています。

　仮想通貨トレードによる所得は原則雑所得ですが、国税庁発表の
情報では事業所得に該当する2つの例が書かれています。

①もともとアフィリエイトなどの事業所得があり、事業用資産として
　てビットコインなどの仮想通貨を保有し、支払手段として仮想通
　貨が使用されている場合
②仮想通貨の収入によって生計を立てていることが客観的に明らか
　である場合

　このようにサラリーマンが行った仮想通貨トレードによる所得が
事業所得と認められるには高いハードルが課せられています。

　事業所得に該当するか否かは最寄りの税務署で自分の取引状況を
説明して、相談してみることをおすすめします。

　事業所得となると仮想通貨トレードで損失を出した場合に給与所
得など他の所得との損益通算ができるというメリットが発生しま
す。ただ、事業所得になっても仮想通貨トレードの所得から差し引
くことができる経費の範囲は限られますので大きな節税になるわけ
ではありません。

財産債務調書

　所得税等の確定申告書を提出するときに、次の要件に該当する場
合は、確定申告書とあわせて「財産債務調書」を税務署に提出する
必要があります。

＜提出の要件＞　次の両方に該当する場合が対象です
①所得金額（退職所得を除く）の合計額が2,000万円超

> ②その年の12月31日時点において3億円以上の財産、または1億
> 円以上の有価証券等一定の財産を有する場合

　「財産債務調書」には、財産の種類、所在、数量、価額等を記載する必要があり、仮想通貨は「財産」に該当するため「財産債務調書」への記載が必要になります。

　また、提出を怠ると罰金もあるため、注意が必要になります。

1-3. 仮想通貨トレードから生じる利益とその計算方法

　個人投資家が仮想通貨のトレードを行って発生した利益は雑所得として課税されます。

　上場株式の取引については申告分離課税が採用されており、取引を行った各証券会社から年間取引報告書が発行されます。

　税額計算はそれを基に20.315%を掛ければよく、また、税金を差し引かれる源泉徴収制度が採用されることが一般的であるため、自身で申告をせずとも申告手続きを完了することもできます。

　それに対し、仮想通貨トレードでは、現状、取引所から発行される報告書のようなものはなく、またあらかじめ取引の都度税金が取られる源泉徴収制度もないため、自身で取引を集計し所得を計算する必要があります。

> **＜所得の計算が必要となる取引例＞**
> 仮想通貨を売却した
> 家電量販店にて仮想通貨で電化製品を買った
> ビットコインでイーサリアム（ETH）を購入した

> **＜所得の計算が必要にならない取引例＞**
>
> 取引所に日本円を入金した
>
> 取引所間で仮想通貨を移動した
>
> 取引所に入金したお金で仮想通貨を購入したが、その後何もして
> いない（含み益または含み損が発生しているが売却はしていない）

仮想通貨の売却

　仮想通貨を売却した場合、仮想通貨を売却した金額から仮想通貨を購入した金額の差額が所得金額となります。

①保有している仮想通貨の全部を売却した場合

　3月9日　　1ビットコイン100万円で2ビットコインを200万円で
　　　　　　購入した。

　5月20日　　1ビットコイン120万円で2ビットコインを240万円で
　　　　　　売却した。

> **＜計算＞**
>
> 　　売却した金額　　　240万円
>
> −）購入した金額　　　200万円
>
> 　　雑所得　　　　　　40万円

②保有している仮想通貨の一部を売却した場合

　6月10日　　1ビットコイン130万円で2ビットコインを260万円で
　　　　　　購入した。

8月10日　1ビットコイン160万円で0.5ビットコインを80万円で
　　　　売却した。

<計算>

売却した金額	80万円	
−) 購入した金額	65万円	（260万円×0.5/2BTC）
雑所得	15万円	

　個人の税金計算は1月1日から12月31日までの暦年の期間合計で計算します。

　1年間に行なった売買が①と②の2つのトレードのみだった場合、この年の仮想通貨の取引による雑所得は

40万円＋15万円＝55万円になります。

　取引によってはマイナスになるケースもあります。

①3月9日　1ビットコイン100万円で2ビットコインを200万円で
　　　　　購入した。
　5月20日　1ビットコイン120万円で2ビットコインを240万円で
　　　　　売却した。

<計算>

売却した金額	240万円
−) 購入した金額	200万円
雑所得	40万円

②6月10日　1ビットコイン130万円で2ビットコインを260万円で購入した。

　9月10日　1ビットコイン100万円で0.5ビットコインを50万円で売却した。

<計算>

売却した金額	50万円	
－）購入した金額	65万円	（260万円×0.5/2BTC）
雑所得	△15万円	

　1年間に行なった売買が①と②の2つのトレードのみだった場合、この年の仮想通貨の取引による雑所得は、

　40万円－15万円＝25万円になります。

　このように同じ年内に行われたトレードはプラスの取引もマイナスの取引もすべて合算してその年度の雑所得の金額計算をすることになります。

　仮想通貨のトレードの形態には「取引所を通して行う取引所取引」と「個人間で行う相対取引」があります。「相対取引」の場合は自己で取引記録を残す必要があります。申告もれが発生しやすいのがこのケースのため注意が必要です。

取引所取引

購入：日本のC取引所　→　売却：日本のC取引所

購入：日本のC取引所　→　売却：香港のB取引所

どちらにしても計算の方法は同じです。

3月9日　C取引所１ビットコイン100万円で２ビットコインを200万円で購入した。

5月19日　２ビットコインをC取引所からB取引所に送金した。

5月20日　B取引所１ビットコイン120万円で２ビットコインを240万円で売却した。

<計算>

売却した金額	240万円	
−）購入した金額	200万円	
雑所得	40万円	

相対取引

購入：相対取引（田中さん）　→　売却：相対取引（佐藤さん）

3月9日　田中さんから１ビットコイン100万円で２ビットコインを200万円で購入した。

5月20日　佐藤さんに１ビットコイン120万円で２ビットコインを240万円で売却した。

<計算>

売却した金額	240万円	
−）購入した金額	200万円	
雑所得	40万円	

取引所取引と相対取引が混同するケースもあります

購入：日本のＣ取引所　→　売却：相対取引（前田さん）

この場合も計算方法は同じです。

3月9日　Ｃ取引所１ビットコイン100万円で２ビットコインを 200万円で購入した。

5月19日　２ビットコインをＣ取引所からマイウォレットに送金 した。

5月20日　前田さんに１ビットコイン120万円で２ビットコイン を240万円で売却した。

＜計算＞

売却した金額	240万円
−）購入した金額	200万円
雑所得	40万円

仮想通貨の取得価額

同じ種類の仮想通貨を２回以上に分けて購入した場合、売却時に 売却金額から差し引く購入金額（取得価額）の計算方法は複雑です。

3月9日　１ビットコイン100万円で２ビットコインを200万円で 購入した。

5月20日　１ビットコイン120万円で２ビットコインを240万円で 購入した。

6月10日　1ビットコイン130万円で2ビットコインを260万円で
で売却した。

この場合、購入金額（取得価額）は2回の購入金額の平均額を使います。

> **＜計算＞**
>
> | | |
> |---|---|
> | 売却した金額 | 260万円 |
> | −）購入した金額 | 220万円（440万円×2BTC／4BTC） |
> | 雑所得 | 20万円 |

この取得価額の計算方法を移動平均法といいます。

　同一種類の仮想通貨で、購入と売却を複数回行うことがあります。その場合、取得価額の計算は先ほどの移動平均法を使うことが一般的ですが、国税庁では継続的にその方法で計算することを要件として総平均法を使うことも認めています。

仮想通貨での商品の購入

　仮想通貨の普及とともに仮想通貨で決済のできる飲食店や家電量販店が増えてきました。

　家電量販店でテレビ購入の支払いを仮想通貨で行なった場合、商品の金額とその仮想通貨の取得価額との差額が所得金額となります。

　つまり、テレビ購入時に保有していた仮想通貨を売却したものとして所得の計算を行うことになります。

　3月9日　1ビットコイン100万円で0.5ビットコインを50万円で購入した。

　5月20日　60万円（消費税込）のテレビ購入のために0.5ビットコインを支払った。

　＜計算＞

商品の金額	60万円	
－）購入した金額	50万円	
雑所得	10万円	

購入した仮想通貨の一部を使って商品購入したとき

　6月10日　1ビットコイン130万円で2ビットコインを260万円で購入した。

　9月10日　20万円のパソコン購入のために0.2ビットコインを支払った。

　＜計算＞

商品の金額	20万円	
－）購入した金額	26万円	（260万円×0.2/2BTC）
雑所得	△4万円	

支払手段として仮想通貨を使用する場合には、スマートフォンな

どのウォレットアプリを利用することになります。

　ウォレットには出金履歴が記録されますが、あとで見たときに商品購入のための出金なのか、他の取引所への送金のための出金なのかの区別はつきません。

　商品購入のための出金であれば所得金額の計算対象になり、取引所への出金であれば計算の対象になりません。

　このため商品購入のために仮想通貨を使用した場合は、お店から発行されるレシートなどの明細の保管を忘れずに行う必要があります。

仮想通貨と仮想通貨の交換

　Aという仮想通貨でBという仮想通貨を購入した場合、Aという仮想通貨を売却したものとして所得の計算を行います。

　日本国内の取引所を利用する時は、日本円（JPY）から仮想通貨、または、仮想通貨からJPYに交換するトレードが多いため、仮想通貨同士の交換はおこりにくいですが、国外の取引所を使ってトレードを行う場合にはJPYを介さずにビットコインからイーサリアム（ETH）、リップルなど仮想通貨同士の交換が多くなります。

　3月9日　1ビットコイン100万円で2ビットコインを200万円で購入した。

　５月20日　５イーサリアム（時価40万円）の購入のために0.25ビットコインを支払った。

　取引後、保有する仮想通貨は1.75ビットコインと５イーサリアムになる。

＜計算＞		
購入した仮想通貨	50万円	
－）取得価額	25万円	（200万円×0.25BTC／2BTC）
雑所得	25万円	

　特定の仮想通貨をそのまま保有している（いわゆるガチホ）場合は心配ありませんが、国外の取引所を使い、頻繁に仮想通貨同士での交換を行う場合、ほとんどのトレードが所得金額の計算の対象となってきます。

　また国外の取引所はトレードデータの取得方法も難易度が高いケースが多いため注意が必要です。

仮想通貨の分裂（分岐）

　仮想通貨の分岐（ハードフォーク）によって、新たに誕生した仮想通貨を付与された場合、その取得価格は０円となります。

　０円のため、その時点では税金の対象とはならず、その後、売却した時点で売却金額の全額が所得金額となります。

　ハードフォークのもっとも有名な例は、2017年８月にビットコイ

ンから分裂して誕生したビットコインキャッシュです。このときは1ビットコインの保有者に対し、1ビットコインキャッシュが付与されました。

ビットコインキャッシュを売却した場合

2017年8月　ビットコインの分岐によりビットコインキャッシュを取得。

2017年10月　1ビットコインキャッシュを30万円で売却した。

<計算>

売却金額	30万円
－）取得価額	0万円
雑所得	30万円

ビットコインキャッシュで商品を購入した場合

2017年8月　ビットコインの分岐によりビットコインキャッシュを取得。

2017年10月　30万円のパソコン購入のために1ビットコインキャッシュを支払った。

<計算>

商品の金額	30万円
－）仮想通貨の取得価額	0万円
雑所得	30万円

ビットコインキャッシュをビットコインに交換した場合

2017年8月　ビットコインの分岐によりビットコインキャッシュ
　　　　　　を取得。

2017年11月　1ビットコイン（時価100万円）の購入のために3
　　　　　　ビットコインキャッシュを支払った。

<計算>

購入した仮想通貨	100万円
ー）取得価額	0万円
雑所得	100万円

仮想通貨のマイニング

　ビットコインなどの仮想通貨は採掘（マイニング）によっても取得することができます。マイニングにより取得したビットコインの所得計算について、国税庁は次のような見解を示しています。

<国税庁の資料より引用>

　「いわゆる『マイニング』（採掘）などにより仮想通貨を取得した場合、その所得は、事業所得又は雑所得の対象となります。

　この場合の所得金額は、収入金額（マイニング等により取得した仮想通貨の取得時点での時価）から、必要経費（マイニング等に要した費用）を差し引いて計算します。

　なお、マイニング等により取得した仮想通貨を売却又は使用した

場合の所得計算における取得価額は、仮想通貨をマイニング等により取得した時点での時価となります。」

　購入したビットコインについては売却した時点で所得計算をすることになっていますが、マイニングの場合にはマイニングによって仮想通貨を取得した時点で所得計算が必要になります。

　また、マイニングの場合には設備代や電気代などの必要経費がある場合は所得金額から差し引いて計算することができます。

　　3月1日　マイニングにより0.1ビットコインを取得
　　　　　　この日のビットコインが1ビットコイン100万円。
　　　　　　マイニングにかかった電気代3万円。

＜計算＞

100万円×0.1＝10万円	
−）電気代	3万円
雑所得	7万円

ICOによる仮想通貨の取得、売却

　ICO（イニシャル・コイン・オファリング）とは、企業が仮想通貨を発行することによって資金調達をする仕組みです。

　いままでであれば株式などを利用して資金調達（IPO）することが一般的でしたが、仮想通貨を使っての資金調達ICOはIPOに比べて、規制等も緩く、審査等もないため、仮想通貨の普及とともに数

多くのICOが実施されています。

　ICOによって発行される仮想通貨を取得する場合、現金で支払うケースとビットコインやイーサリアムなどの仮想通貨で支払うケースがあります。

　支払手段によって所得計算の方法が異なります。

①現金でICO投資する場合

　ABCコイン100トークンを現金10万円で取得した場合、通常の仮想通貨の取得と同じで売却するまでは税金は発生しません。

　8月1日　　ABCコインの購入申し込みで現金10万円支払う
10月31日　　ABCコイン100トークン取得

ここまでの段階では税金の計算には影響ありません。
11月15日　　ABCコイン100トークンを15万円で売却

```
＜計算＞
    売却金額      15万円
－）取得価額      10万円
    雑所得        5万円
```

②仮想通貨でICO投資する場合

　ABCコイン100トークンをビットコインやイーサリアムとの交換で取得する場合は仮想通貨同士の交換になるためABCコイン取得の時点で所得の計算が必要になります。

5月1日　4万円で1ETHを取得

8月1日　ABCコインの購入申し込みで1ETHを支払う

10月31日　ABCコイン100トークン取得

この時点で所得の計算が必要になります。

この時のイーサリアムの時価が10万円の場合

<計算>

売却金額	10万円
−）取得価額	4万円
雑所得	6万円

その後、

11月15日　ABCコイン100トークンを15万円で売却

<計算>

売却金額	15万円
−）取得価額	10万円
雑所得	5万円

仮想通貨の証拠金取引

　仮想通貨の証拠金取引による所得については、申告分離課税の適用はなく、原則雑所得として総合課税により申告することになります。

　外国為替証拠金取引（FX）は先物取引にかかる雑所得等の課税

の特例（申告分離課税）の対象になりますが仮想通貨はそうではないということです。

　FXも当初はこの特例の対象ではありませんでしたが、くりっく365という公的な取引所ができて以降そちらは申告分離課税、店頭FXは総合課税のままという体制になりました。

　その後、法改正が行われ申告分離課税に一本化された経緯があります。

　金融庁主催の「仮想通貨交換業等に関する研究会」の資料によると、現物取引よりも証拠金取引が圧倒的に多いことがわかります。今後、証拠金取引の税制、証拠金倍率などの取引に関する見直しが行われる可能性はあります。

①証拠金取引で利益が出た場合

　3月9日　　1ビットコイン100万円で2ビットコインを200万円でショート（売り）した。

　3月12日　　1ビットコイン85万円で2ビットコインを170万円でロング（買い）決済した。

＜計算＞

売却した金額	200万円
−）購入した金額	170万円
雑所得	30万円

②証拠金取引で損失が出た場合

　3月9日　　1ビットコイン100万円で2ビットコインを200万円で

ショート（売り）した。

5月20日　1ビットコイン120万円で2ビットコインを240万円で
ロング（買い）決済した。

<計算>

売却した金額	200万円
−）購入した金額	240万円
雑所得	△40万円

　証拠金取引によって行われたトレードのプラス・マイナスも通常
の仮想通貨トレードの所得と合算して雑所得として金額計算するこ
とになります。

仮想通貨に代えて金銭の補償を受けた場合

　2018年1月にコインチェックで発生したXEM（NEMの通貨）の
ハッキング事件は記憶に新しいところです。このときコインチェッ
ク社は顧客である被害者に対して金銭での補償を行いました。

　この補償金を受け取った側の税金の取り扱いについては、見舞金
として非課税扱いになるのか、それとも補償金を売却金額として考
え所得計算の対象とするのか、意見が分かれていましたが、国税庁
の見解は次のようになりました。

No.1525　仮想通貨交換業者から仮想通貨に代えて金銭の補償を受けた場合〔平成30年4月1日現在法令等〕

■問

　仮想通貨を預けていた仮想通貨交換業者が不正送信被害に遭い、預かった仮想通貨を返還することができなくなったとして、日本円による補償金の支払を受けました。

　この補償金の額は、預けていた仮想通貨の保有数量に対して、返還できなくなった時点での価額等を基に算出した1単位当たりの仮想通貨の価額を乗じた金額となっています。

　この補償金は、損害賠償金として非課税所得に該当しますか。

■答

　一般的に、損害賠償金として支払われる金銭であっても、本来所得となるべきもの又は得べかりし利益を喪失した場合にこれが賠償されるときは、非課税にならないものとされています。

　ご質問の課税関係については、顧客と仮想通貨交換業者の契約内容やその補償金の性質などを総合勘案して判断することになりますが、一般的に、顧客から預かった仮想通貨を返還できない場合に支払われる補償金は、返還できなくなった仮想通貨に代えて支払われる金銭であり、その補償金と同額で仮想通貨を売却したことにより金銭を得たのと同一の結果となることから、本来所得となるべきもの又は得られたであろう利益を喪失した部分が含まれているものと考えられます。

　したがって、ご質問の補償金は、非課税となる損害賠償金には該当せず、雑所得として課税の対象となります。

　なお、補償金の計算の基礎となった1単位当たりの仮想通貨の価

額がもともとの取得単価よりも低額である場合には、雑所得の金額の計算上、損失が生じることになりますので、その場合には、その損失を他の雑所得の金額と通算することができます。（所得税法35、36）

第 2 章

法人化の
メリットとデメリット

2-1. 法人に対する課税

　法人には、主にその所得金額（計算方法は後述）に応じて、次の６種類の税金が課されます。資本金1,000万円以下、従業員50人以下の法人の場合の各種税率もしくは税金は表のとおりです。

	納付先	所得金額と税率
①法人税	国	15.00%（年800万円以下の部分の金額） 23.40%（年800万円超の金額）
②地方法人税	国	0.66%（年800万円以下の部分の金額） 1.03%（年800万円超の金額）
③法人住民税 （法人税割額）	都道府県 市区町村	1.94%（年800万円以下の部分の金額） 3.02%（年800万円超の部分の金額）
④法人住民税 （均等割額）	都道府県 市区町村	7万円（市町村によってはこれより多くなります）
⑤事業税	都道府県	3.40%（年400万円以下の部分の金額） 5.10%（年400万円超800万円以下の部分の金額） 6.70%（年800万円超の金額）
⑥地方法人 　特別税	都道府県	1.47%（年400万円以下の部分の金額） 2.20%（年400万円超800万円以下の部分の金額） 2.89%（年800万円超の金額）

　　ただし、この税率は2018年 3 月末以前に開始する事業年度の決算に適用されるものです。また、法人住民税（法人税割額）は標準税率（後述）12.9％を基に算定しています。

①法人税

　法人税は、所得金額に税率を掛けて計算される国税です。所得金額がマイナスであれば、法人税はかかりません。なお、年800万円超の金額にかかる税率は、2018年 4 月 1 日以降開始する事業年度から23.20％にわずかながら引き下げられます。

②地方法人税

　地方法人税は、地方交付税の財源を確保するために2014年度の税制改正で設けられました。地方法人税は、法人税に4.4％を掛けた金額となります。

③④法人住民税

　法人住民税は、都道府県と市区町村に納付する税金です。法人住民税には「法人税割額」と「均等割額」の 2 種類があり、納付する地域によっては税率が異なります。

　法律では、標準税率（最低）と制限税率（最高）の範囲内で各自治体が自由に税率を決められます。法人税割額は、法人税を基礎に12.9（標準税率）〜16.3％（制限税率）を掛けた金額となります。ただし、課税所得がマイナスであれば、法人税がかかりませんから、この法人税割額も同じくかかりません。

ところが、均等割額は課税所得がマイナスであっても必ず納付しなければなりません。これは法人化のデメリットのひとつに挙げられます。均等割額は7万円が最低で、都道府県市町村によっては、これより多くなります。

⑤⑥事業税と地方法人特別税

　事業税と地方法人特別税は、都道府県に納付します。この法人事業税は、合算すると課税所得の区分に応じて4.89～9.59%を掛けて計算します。したがって、課税所得がマイナスであれば、法人税と同じく、この法人事業税もかかりません。

法人税の表面税率

　資本金1億円以下の法人を前提とした場合、①法人税＋②地方法人税＋③法人税割額＋⑤事業税＋⑥法人特別税の税率を加味して求めた税率は、次のとおりになります（なお、法人税割額は標準税率12.9%を基に算定しています）。

所得金額	税率
年400万円以下の部分の金額	22.47%
年400万円超～800万円以下の部分の金額	24.90%
年800万円超の部分の金額	37.04%

　この税率を「表面税率」といいます。つまり資本金1億円以下の法人が納める税金は、この表面税率に基づいて計算すればよいわけ

です。ただし繰り返しますが、④均等割額は、これとは別に必ず納付しなければなりません。

法人税の実効税率

法人の所得金額を計算するとき、①法人税と②地方法人税、③④法人住民税は「損金」に算入できません。一方、⑤事業税と⑥法人特別税（以下⑤と⑥を「事業税等」と総称します）は損金に算入できます。

「損金」は法人税法で経費と認められるものです。なお、会計上で計上される費用とは、意味合いが少々異なります。会計上の費用が必ずしも法人税法上の損金（経費）と同額となるわけではないからです。

例えば、会社が費用計上する罰金や役員賞与、交際費などは、そのすべてが損金となりません。これらは支出の内容に応じて、全額または一部が損金とならない場合があります。したがって、会計で費用計上できるかではなく、「損金計上」ができて初めて節税の効果が表れるのです。

さて、事業税等は税金でありながら損金となりますから、実質的な税負担を下げることができます。この特性を考慮に入れて算出した法人税の税率を「実効税率」といいます。

実効税率は次のとおりです（法人割額は標準税率12.3％を基に算定しています）。

所得金額	税率
年400万円以下の部分の金額	21.42%
年400万円超～800万円以下の部分の金額	23.20%
年800万円超の部分の金額	33.80%

　例えば、資本金1億円以下の法人について、法人税率をすべて加算した場合、表面税率は年800万円超の部分では37.04％となります。しかし、事業税等を当期の損金に算入されたものとして計算すると、年800万円超の部分の金額では33.80％になるのです。

　当期の事業税等が損金に算入されるのは、実際に納付した翌期になります。また、当期の法人税額が20万円を超えると、翌期の6カ月経過後2カ月以内に中間申告と納付をしなければなりません。したがって、翌期中の中間納付を含めて納税した事業税等が、翌期の損金に算入されます。

　例えば、法人設立第1期の事業税等が40万8,100円で確定すると、これを第2期中に納付することになります。さらに、この40万8,100円の2分の1の20万4,000円を第2期の中間納付額として納めなければなりません（端数調整の関係で正確には2分の1とはなりません）。したがって、第2期に納付した前期事業税等の40万8,100円と当期中間納付額20万4,000円の合計61万2,100円が第2期の損金に算入されるわけです。

法人所得の税額計算例

　法人にかかる税金を計算するには、まず法人の「所得金額」を計

算しなければなりません。「損益計算書」の当期利益から税務上必要な「調整計算」をして出します。

　損益計算書とは、法人が作成すべき決算書のひとつで、法人の収益と費用の状況をまとめたものです。会計処理や決算書は、会計事務所に依頼しなくても、会計ソフトを使用して自分で作成することもできますが、仮想通貨トレードの処理は煩雑なため、費用は掛かりますが、専門家である税理士に依頼されるほうが無難でしょう。

　通常、法人の会計処理と決算処理は、税務上問題がないように行うのが基本です。そのため、仮想通貨トレード法人でも損益計算書の当期利益から法人税の所得金額をわりと簡単に求めることができます。例えば、仮想通貨トレード法人の損益計算書が次のような場合で考えてみましょう。

売上高（仮想通貨収益）		1,800万円	
販売管理費			
役員報酬	1,200		
交際費	40		
その他	260	1,500万円	
税引前当期利益		300万円	
法人税等		85万円	（納付済事業税等25万円を含む）
当期利益		215万円	

　なお、交際費が800万円以下の場合、交際費は全額損金算入できます。また、法人税等は損金不算入ですが、納付済の事業税等は損金算入できます。

したがって、所得金額の計算は次のようになります。

	当期利益	215 万円
＋）	法人税等	85 万円
－）	納付済み事業税等	25 万円
	所得金額	275 万円

　仮想通貨トレード法人の場合、調整計算の対象になるのは上の2項目だけとなることがほとんどです。

　したがって、法人にかかる税金は次のように計算されます。

法人税	275万円 × 15.0% =	41.25 万円
地方法人税	275万円 × 0.66% =	1.81 万円
法人住民税	275万円 × 1.94% =	5.34 万円
事業税	275万円 × 3.40% =	9.35 万円
法人特別税	275万円 × 1.47% =	4.04 万円
		61.79 万円
法人住民税（均等割額）		7.00 万円
税金合計		68.79 万円

　これで、法人の所得金額の計算方法や、それに対してかかる法人税等の計算方法の概略がお分かりいただけたかと思います。法人の所得金額275万円は、損益計算書の税引前当期利益300万円とも当期利益215万円とも異なります。

なお、法人の所得金額は、次のように計算することも可能です。

	税引前当期利益	300 万円
－）	納付済み事業税等	25 万円
	所得金額	275 万円

法人が個人よりも節税となる所得水準とは

　個人の仮想通貨トレードの所得は「雑所得」として総合課税になりますが、個人の所得税は７段階の累進課税です。一方、法人税の実効税率は、①年400万円以下、②年400万円超800万円以下、③800万円超の３段階で税率が高くなります。ここで、単純に課税所得だけで、個人課税と法人課税の税負担の相関関係を考察してみることにします。

課税所得が400万円の場合、
個人の税負担＝400×（20×1.021＋10）％－42.75×1.021
　　　　　　＝78.03万円
法人の税負担＝　400×21.42％＋7（均等割）＝92.6万円

となり、課税所得が400万円以下では法人より個人の税負担のほうが少なくなります。

> 課税所得が800万円の場合、
>
> 個人の税負担＝800×（23×1.021＋10）％－63.6×1.021
> 　　　　　＝202.93万円
>
> 法人の税負担＝800×23.20％＋7（均等割）＝192.6万円

　課税所得が400万円の場合は個人の税負担のほうが少なく、課税所得800万円では法人の税負担が少ないということは、この中間の課税所得に個人と法人の税負担が同額となる課税所得があるということです。その課税所得は、699万円になります。

> 699万円×（23×1.021＋10）％－63.6×1.021
> ＝699万円×23.2％＋7万円

　つまり、課税所得が699万円以下であれば、個人の税負担のほうが低くなり、逆に課税所得が699万円以上であれば、法人の税負担のほうが低くなるということです。

　ただし、これは個人と法人の課税所得に対する税負担を単純に比較したもので、個人の収入から必要経費や所得控除を差し引いて課税所得を計算するプロセスと法人の収益から経費を差し引いて課税所得を計算するプロセスの相違が、個人と法人の課税所得に大きく影響することは忘れないでください。

2-2. 法人のメリットとデメリット

　仮想通貨トレードを法人で行えば、すべての面においていいことばかりかというと、けっしてそういうわけではありません。デメリットもあります。メリットとデメリットをそれぞれしっかり認識したうえで、どちらが自分の仮想通貨トレードにとって、そして自分の生き方にとって優位性があるかを判断して欲しいのですが、現状では仮想通貨トレードに関して、法人で行うメリットのほうが大きいであろうと思われます。

法人のメリット

　まず、仮想通貨トレード法人を設立することで、次のようなメリットがあります。

①法人で落とせる経費が増える

②給与所得控除を利用できる

③所得の分散ができる

④役員退職金を支払える

⑤生命保険料が経費になる

⑥決算期を自由に決められる

①法人で落とせる経費が増える

第1章で触れたように、個人の「仮想通貨取引に係る雑所得等」で認められる必要経費は極めて限定的です。一方、法人としての活動に一般的に欠かせない出費は、すべて必要経費として認められます。これらを最大限に活用して、法人の経費を多くすることが課税所得を減らして節税につながるのです。

仮想通貨トレード法人も一般事業法人と同じルールが適用されます。けっして仮想通貨トレード法人だけが特別扱いされるようなことはありません。

法人の経費で落とせるものは可能なかぎり落としましょう。そうすれば、それだけ法人の税負担が減少します。領収書をこまめにもらい、きちんと保管することが基本です（詳しくは第7章で紹介します）。

②給与所得控除を利用できる

これについては、すでに第1章で述べたとおりです。法人から役員が受け取る役員報酬にも、給与所得控除が適用されます。給与所得控除が課税所得を減らして、税金を安くするのです。

③所得の分散ができる

法人にすると、役員報酬などの給与の額は比較的自由に決められます。

ただし、給与にかかる所得税は累進税率です。課税所得が多くなればなるほど税率が上るようになっています。そこで、法人の代表者1人に役員報酬を支払うよりも、配偶者や父母などの親族にもその仕事に見合った役員報酬を支給できれば（つまり家族への所得分散ができれば）、節税効果はさらに増大するのです。

例えば、毎月の利益が35万円とします。これを自分1人が役員報酬としてもらうと、自分の給与は月額35万円です。

しかし、配偶者にほかの所得がなく、自分に月額27万円、配偶者に月額8万円と分散すれば、配偶者の年額96万円（＝8万円×12カ月）の給与は、まったく非課税です。さらに、配偶者控除の対象にもなります。

もし自分、配偶者、両親の4人家族であれば、自分が月額17万円、配偶者が月額8万円、父親が月額5万円、母親が月額5万円と分散すれば、配偶者の月額8万円は、先ほどと同じく非課税になりますし、親の月額5万円も、ほかに給与所得がなければ給与所得の範囲内でゼロとなり、扶養控除の対象にもなります。もはや、所得税は誰も払わなくてもよいという状況になるわけです。

このように、親族が多い場合、法人の利益を給与として分散できることが法人化の大きなメリットのひとつです。

④役員退職金を支払える

役員退職金は退職所得となります。退職所得は税率が最も低い所得です。

役員退職金をもらうメリットについては、第5章で詳しく説明し

ます。できるだけ役員退職金をもらってハッピーリタイアメントとなればベストです。

⑤生命保険料が経費になる

個人で支払う一般生命保険料は生命保険料控除が受けられるだけです（最高5万円。ただし2012年以降の契約では最高4万円）。しかし、法人が役員に生命保険をかけると支払保険料の全額または2分の1を法人の経費にできます。

これも詳しくは第7章で説明します。また、生命保険料で節税しながら、役員の退職金の支給に備えることもできます。

⑥決算期を自由に決められる

個人で仮想通貨トレードをしている場合は暦年（1月1日〜12月31日）で生じた所得で確定申告をするしかありません。一方、法人は決算期を自由に選ぶことができます。また、それを自由に変更することもできます。

決算期変更は、仮想通貨トレード法人にとっても有効な節税対策にもなります。これについても第7章で詳しく紹介しましょう。

⑦赤字を10年間繰り越せる

個人の仮想通貨トレードによる雑所得の損失を次年度以降に繰越すことはできません。しかし、法人の場合、赤字を出しても10年間もの利益と相殺できます。これも第7章で詳しく説明します。

法人のデメリット

逆に仮想通貨トレード法人を設立することで、次のようなデメリットが考えられます。

①設立費用と手間がかかる

②法人の資金を自由に使えない

③会計事務所に支払う費用がかかる

④社会保険の負担が重い

⑤維持運営コストがかかる

⑥税務調査の可能性が個人より高い

①設立費用と手間がかかる

昔に比べて法人設立は随分と簡単になりました。現在、株式会社や合同会社は１人でも設立可能です。設立費用も昔に比べれば随分と安くなりました。

それでも法人設立には費用がかかります。出資金の払い込みの手続きや、登記書類や届出書を作成する手間もかかります。専門家に依頼すれば手間は省けますが、もちろん手数料がかかってきます。

また、法人の登記事項に変更が起これば、変更登記が必要です。登記を変更するにも登記費用がかかります。

②法人の資金を自由に使えない

個人で仮想通貨トレードをしている場合、儲けたお金は個人で自

由に使えます。税務上何の規制もありません。

　しかし、法人化するとそうはいきません。法人のお金と個人のお金は厳格に区分する必要があるからです。

　法人の利益は法人の口座に入金されます。法人のお金を役員個人が勝手に引き出して使うことはできません。役員個人が自由に使えるのは、法人から支払われる役員報酬だけです。

　法人のお金を勝手に引き出すと、税務上トラブルになる可能性があります。役員個人が法人からお金を借りた場合には、法人に貸付金利息を支払うなど貸借関係を明らかにしなければなりません。

　ただし、逆に役員個人が法人に貸し付けたお金であれば、いつでも返してもらえますし、法人から貸付金利息をもらう必要もありません。

③会計事務所に支払う費用がかかる

　法人は、たとえ赤字であっても、毎事業年度、決算をして、税務申告をしなければなりません。

　個人の場合、自分で確定申告している人が多いと思います。しかし法人の場合、提出すべき税務申告書が個人と比べてかなり複雑です。そのため、多くの法人が、決算や税務申告書の作成を税理士に依頼しています。

　税理士に依頼すれば、もちろん報酬を支払わなければなりません。法人化によって新たに発生する費用といえます。

　ただし、その一方で最新の情報に詳しく、節税指導なども受けられますから、一概にデメリットばかりともいえません。

④社会保険の負担が重い

　法人の場合、役員1人の法人でも社会保険に加入する必要があります。社会保険制度は、もともと企業で働く従業員のための社会保障制度ですが、法人役員も原則加入する義務があります。

　社会保険に加入することのデメリットには、なんといっても社会保険料の負担の重さが挙げられます。夫婦が法人から役員報酬をもらっている場合、それぞれの役員報酬に社会保険料がかかってきます。国民健康保険のように、家族単位で保険料がかかるわけではありません。その点、社会保険のほうが負担が重くなることが多いのです。

　ただし、役員報酬を社会保険に加入できる最低額とし、配偶者などを被扶養者として加入する場合、逆に国民健康保険や国民年金に加入する場合よりも軽い負担で済む場合もあります。

⑤維持運営コストがかかる

　法人化によって事務負担は確実に増えます。

　個人の場合、確定申告の時期になってから前年の必要経費の領収書を整理して、なんとか間に合わせるという人も多いでしょう。もちろん、それでもかまいません。

　しかし法人の場合、毎月きちんと会計処理を行って、法人の損益状況を把握する必要があります。ことにICOを目的とした仮想通貨トレード法人の場合、タイムリーな判断を迫られる可能性もあり、余計に損益状況の把握は重要です。適切な会計処理を行っていなければ、投資判断もできません。

⑥税務調査がある

　個人よりも法人のほうが税務調査に入りやすいことは事実です。国税庁の統計資料からもそのことは裏づけられています。その理由のひとつは、個人の確定申告数のほうが法人の申告数よりも圧倒的に多いということがあります。また、法人は会計帳簿が整備されていることも理由のひとつでしょう。

　税務調査は法人の税務上の誤りを洗い出し、追徴税額を徴収できるかが基本です。仮想通貨トレード法人にも税務調査はあり得ます。税務調査があればそれを甘んじて受けなければならないのは、法人化のデメリットであるといえます。

　もっとも、きちんとした会計処理をしておけば、税務調査が入っても何も問題はありません。

　法人化を検討し、実践する個人投資家が増えているのは、デメリット以上にメリットがあると考えているからです。しかし、思うような利益を出せなければ、法人化しても節税につながらないかもしれません。逆に、思いのほか利益が出てしまえば、法人化しても多額の税金を支払わざるを得なくなるかもしれません。

　自分の現状と照らして、法人化の是非を迷われた場合は、一度税理士に相談してから決定しても遅くはないでしょう。

既存の法人を使うときの問題点

　新設法人であろうと、既存の法人であろうと、法人口座を開設で

きます。ただし、いくつか問題点が考えられます。

●本業の補完は難しい

　本業不振の法人が仮想通貨トレードに手を出すことは、あまりおすすめできません。安定的に収益を望めるという保証はけっしてないからです。逆に、損失を出す可能性も十分にあります。

　また、仮想通貨トレードに時間を取られ、本業がおろそかにならないともかぎりません。ましてや従業員を抱えているのであれば、会社は社長１人のものではありません。仮想通貨トレードには、なおさら慎重であるべきです。どうしても仮想通貨トレードがしたいなら、別に法人を作って個人的にするほうが賢明といえます。

●一般事業法人には消費税の問題がある

　仮想通貨トレードのみを事業としている法人であれば、消費税の納付を気にする必要がありません。収益に消費税がかからないからです。

　対して、一般事業（商品販売やサービスの提供）を営む法人が、商品などを販売したりサービスを提供したりすれば、売上金額には消費税が含まれています。事業年度の年間売上金額が1,000万円以上になると、消費税を納めなければなりません。

　消費税の納税額を計算するため、事業年度の受取消費税と支払消費税を集計する必要があり、それだけ会計処理が煩雑になります。

消費税の納付額 ＝ 受取消費税 － 支払消費税

法人が支払う経費には、消費税がかかるものとかからないものがあります。経費の内容により消費税の課税・非課税を区分するためには消費税の課税・非課税の区分に関する知識が必要です。

●銀行借入に支障が出る

　不動産投資は、個人であっても法人であっても、事業の採算性に問題がないかぎり、銀行は融資をしてくれます。それは銀行に安定収入が見込める事業計画（返済計画）を示すことができるからです。

　しかし、仮想通貨トレードは投機です。ですから、事業計画（返済計画）そのものがありません。返済計画の立たない取引に資金を融資してくれる銀行は、まずありません。

　一般事業の運転資金として銀行に融資を申請すれば、融資を受けられるかもしれません。しかし、いずれにしても本業の不振を仮想通貨トレードの収益で補っている状況では、銀行からの借入は難しいでしょう。

サラリーマンが法人を設立する場合の注意点

　サラリーマンが副業として自分の仮想通貨トレード法人を設立し、そこから役員報酬をもらうと、２カ所から給与をもらうことになります。したがって、確定申告をしなければなりません。確定申告をすれば、所得が増えることになり、住民税も増加することになります。

　サラリーマンの住民税は給与からの天引きです。したがって、勤め先に、その会社からもらう給与にかかる住民税額よりも多い金額の住民税の納付通知が届くことになります。

　つまり、副業が勤め先に知られやすいのです。それを避けたいのであれば、自分に役員報酬を支払わないことをおすすめします。

　そのため、いくら経費に使っても、仮想通貨トレード法人に所得が出てしまうかもしれません。しかし、法人の年間所得が800万円までであれば、税率は約23％です。この範囲であれば、法人で税金を支払ってもあまり税負担にはなりませんから、法人で税金を払ってもいいでしょう。

　また配偶者に役員報酬を支払う方法もあります。ただし、いわゆる専業主婦（専業主夫）の場合、注意点があります。

専業主婦が法人を設立する場合の注意点

　専業主婦自身に対する役員報酬の決め方は、次のいずれかとなります。

①年収103万円以下とし、配偶者控除の対象となる

　この場合は、主婦個人にも課税はありませんし、夫の年間所得が900万円以下（給与収入1,120万円以下）であれば、夫の配偶者控除38万円の対象にもなれます。もちろん、夫の社会保険の被扶養者にもなれます。

②年収130万円以下とし、社会保険の被扶養者となる

この場合は、主婦個人に対する課税はありますが、夫の年間所得が900万円以下（給与収入1,120万円以下）であれば、夫の配偶者特別控除38万円の対象になれます。もちろん、夫の社会保険の被扶養者にもなることができます。

③役員報酬を年収130万円以上とする

この場合は、主婦個人に対する課税があります。夫の社会保険の被扶養者になることもできません。夫の年間所得が900万円以下であれば、主婦の年収が150万円以下の場合は、夫の配偶者特別控除38万円の対象になりますが、主婦の年収が150万円超201万円以下の場合は、夫の配偶者特別控除は36万円から３万円まで段階的に減少します。妻の年収が201万円超の場合、夫の配偶者特別控除の対象にはなれません。

2018年分より、配偶者控除・配偶者特別控除の控除額は、妻の年収だけでなく、夫の年収という新しい要素が加わって決まることになり、複雑になっています。夫の年間所得が1,000万円超（給与収入1,220万円超）となると、もはや妻の年収がいくらであっても配偶者控除や配偶者特別控除の対象ではありません。

①と②を比べた場合、夫の所得にもよりますが、節税効果はあまり変わりません。仮想通貨トレード収益が1,000万円にいかないぐらいでしたら①か②の役員報酬を選択するとよいでしょう。この場

合も法人所得800万円以下の軽減税率（約23％）を有効活用することが重要になります。

　問題は、トレードの年間収益が1,000万円を超えるような場合です。この場合は、第5章を参考に役員報酬を決めてください。

2-3. ICOと法人活用

　仮想通貨トレードで利益を出す手法としては、一般的には次のようなものがあります。

①現物取引

　自己資金の範囲内で売買を行う方法です。買った価格より高い価格になって売ることで儲けるため、現物の長期保有が最もリスクが少ないですが、自己資金が少ないと運用できる金額も少なく、あまり収益が上がらないのがデメリットです。通常は仮想通貨交換業者が運営する取引所で売買しますが、当事者間の合意があれば取引所を介さず売買することもできます（これを相対取引といいます）。

②レバレッジ取引

　自己資金よりも大きな金額で取引する投資手法です。FXと同じく、価格が上がる局面でも、価格が下がる局面でも利益を出すことができます。少ない資金で大きなリターンが期待できる一方、自己資金を超える損失を被る恐れがあり大きなリスクがあります。

③マイニング

　マイニングとは仮想通貨の利用証明をすることで、その対価とし

て仮想通貨を報酬としてもらうことができます。ただし、マイニングには、高性能コンピューターが必要ですから、個人がマイニングに参加してもあまり報酬は期待できないのが現状です。

　これとは別に、近年ICOが新たな投資手法として、注目されています。最近では仮想通貨そのもののトレードでは儲けを出すことがなかなか容易ではなくなりつつある以上、ICO投資に注目する方が確実に増えているのも当然かもしれません。

ICOとは

　平成27年10月27日付で、金融庁は『ICO（Initial Coin Offering）について』という文書を公表しました。それによると、「ICOは、企業等が電子的にトークン（証票）を発行して公衆から資金調達を行う行為の総称であり、トークンセールと呼ばれることもある」と定義されています。ICOは新たな資金調達の手段であり、その特長は、資金の払い込みと対価の支払がともに仮想通貨で行われるという点にあります。

　ICOに人気があるのは、トークンが取引所に上場して売買されるようになると、大きなリターンが期待できるからです。もちろん、すべてのICOが取引所で売買されるようにはなりません。取引所での売買が約束されていないという点では、株式上場を前提としたIPO（新規株式公開）と大きく異なります。

金融庁も上述の文書で、ICOで発行されるトークンには次のようなリスクがあると指摘しています。

①価格下落の可能性

トークンは、価格が急落したり、突然無価値になってしまう可能性がある。

②詐欺の可能性

一般的に、ICOでは、ホワイトペーパー（ICOにより調達した資金の使い道やトークンの販売方法などをまとめた文書）が作成されますが、ホワイトペーパーに掲げたプロジェクトが実施されなかったり、約束されていた商品やサービスが提供されないリスクがある。また、ICOに便乗した詐欺の事例も報道されている。

トークンを購入するには

ICO事業者がホワイトペーパーを公開し、仮想通貨による資金提供をホームページなどで呼びかけるのがクラウドセールです。個人投資家はクラウドセールの案件をまとめたICO情報サイトなどを検索して、投資先であるICO事業者のサイトに到達することになります。ホワイトペーパーの内容を確認することは重要ですが、その内容を盲信していいということもありません。ICO投資の難しさでもありますが、ICO投資の醍醐味でもあります。そして、ICO案件に将来性を感じたら、仮想通貨を使ってトークンを購入することにな

ります。

　また、ICO案件の募集、トークンの販売やICO事業者に各種支援を行うプラットフォームと呼ばれるICO仲介業者のサイトがあります。プラットフォーム側は、ICO案件としての信頼性の審査を事前にパスした案件のみを掲載するため、個人投資家にとってもICO案件選別にメリットがあります。

分散投資が有効

　すべてのトークンが上場できるわけではないことは、前述したとおりです。そのため、ICO投資に当てる資金は、リスクマネーとして問題ない金額にとどめるべきです。また、ICO案件は、上場まで長期間を必要とする場合が多く、常に有望なICO案件を見つけても投資できるように資金的余裕をもつことも重要です。少数のICO案件に多額の資金を投入するよりも、多くのICO案件に分散投資するのがICO投資成功への王道といえるでしょう。

ICO投資には海外取引所の口座開設は不可欠

　2018年以降、金融庁は仮想通貨交換業者の指導監督を強化しています。そのため、日本国内でICOが行われる可能性は極めて低いといえます。そのため、今後もICO案件の取引所上場が海外の取引所にならざるをえないため、ICO投資においては、海外取引所の口座開設は必須といわざるを得ません。できれば複数の海外取引所口座

を開設するのがより望ましいでしょう。

　ICOのトークンを購入するに当たっては、リスクがあることやプロジェクトの内容などをしっかり理解した上で、自己責任で取引を行う必要があります。個人投資家には、儲かるICO案件を選び抜く眼力が何よりも必要です。

2-4. ICO規制

ICO人気の高まりとともに、新しい秩序の必要性が叫ばれています。そうして各国で、ICOに関する規制も出現してきました。

まず、2017年 9 月には中国政府は、ICOを全面禁止しました。中国に続いて韓国もICOを全面規制しました。

米国では、米証券取引委員会（SEC）がICOで使われるトークンは、条件次第で法規制の対象になる有価証券であるとの立場を明確にしています。これとは対照的に、シカゴの先物取引所では2017年12月ビットコイン（BTC）先物の取扱いを開始しました。

日本でも今後ICO参加を禁止すべきだとする方向性が出てくる可能性もあります。その背景にあるのは、ICOに詐欺案件が紛れ込むのを排除することが難しいという問題があるためです。一方では、ICO規制を強化しても、ICO規制の緩い国に移るだけだという現実的な見方もあります。

ICOは規制の中で発展していくのが望ましい

既成の金融システムに変革を求めながら、ICOは今後も爆発的に

増加していくものと思われます。その健全な発展のためには、何ら
かの規制は必要になるでしょう。ICOに詐欺的な案件が紛れ込まな
いためにも、合理的な規制は不可欠です。

第3章

仮想通貨トレード法人を
つくろう

3-1. 合同会社・一般社団法人とは

合同会社とは

　合同会社は、2006年の会社法制定で新たに認められた会社組織です。株式会社とは異なり、合資会社や合名会社と同じく持分会社という形態ですが、社員全員が「有限責任」であるという点で、ほかの持分会社と大きく異なります。

　有限責任とは、出資者が出資金額の限度で責任を負う制度です。個人事業者の場合、事業で負った負債については、個人の財産を全部売却してでも返済しなければなりません。しかし、有限責任の場合は出資金額の限度でしか返済義務がなく、個人の財産にまで返済義務が及ばずに済みます。

　ただし、経営者が会社と連帯して負う債務については返済しなければなりません。

合同会社の利用価値

　合同会社のメリットを株式会社と比較して挙げてみましょう。

①会社を設立するとき、定款の認証手続きが不要である

②利益配分の割合を出資比率とは無関係に自由に決められる

③出資者の全会一致で意思決定を行う

このうち①が合同会社の最大のメリットといえます（定款については後ほど詳しく説明します）。それだけ会社設立に要する期間や費用を節約できるのです。会社の代表者印と資本金が準備できていれば、最短1日でも法務局に登記の申請ができます。

株式会社の場合、公証役場で公証人による法令適合審査を受けて、定款を認証してもらわなければなりません。それだけで5万円の手数料がかかります。

また、設立登記で支払う登録免許税も、株式会社では15万円かかるのに対し、合同会社では6万円と、はるかに安く済みます。

一方、合同会社のデメリットは次のとおりです。

①合同会社の役員は「代表社員」「業務執行社員」と呼ばれ、株式会社のように「代表取締役」「取締役」という呼称ではない

②日本では一般的に株式会社優位の考え方が強い

しかし、合同会社に十分利用価値のあるケースもあります。

①サラリーマンが合同会社を設立して、元の雇用先から給与を業務委託報酬としてもらい、自分は合同会社から役員報酬をもらうような極めてプライベートな会社として利用する場合

②インターネット通販業者が合同会社を設立して法人成り（個人事

　まさしく、合同会社は仮想通貨トレードのための法人口座開設にうってつけの会社組織形態だといえます。

株式会社と合同会社の違いと共通点

　株式会社と合同会社の違いは、先ほど述べたように組織的な違いにあります。

　現在では株式会社でも社長1人だけという会社も増えました。しかし、元来は出資者と経営者を分離した組織形態ですから、社長1人であっても株主総会を開いて議事録を作成する必要があります。

　対して合同会社は、出資者＝経営者という組織形態ですから、面倒な手続きがなく、自由な運営が可能です。

　また、株式会社の役員には任期（2年から最長10年まで）があります。そのため、役員の任期が満了すると役員交代がなくても役員変更登記をしなければなりません。この登記には費用がかかります。

　対して合同会社の役員には任期がありません。したがって、現実に役員の交代が起こらないかぎり、役員変更登記をする必要がありません。

　一方、株式会社も合同会社も税法上は、ともに普通法人となります。両者に税法上の取り扱いの有利不利は全くありません。

　したがって、合同会社であっても株式会社であっても適用される

税法は全く同じです。つまり、節税の考え方も何ら変わりません。法人化による節税効果を株式会社同様、合同会社でも十分に享受できるわけです。

一般社団法人とは

　一般社団法人は、2008年12月に施行された「一般社団法人及び一般財団法人に関する法律」を基に設立された法人組織です。株式会社や合同会社と違って基本は営利を目的としない法人ですが、株式会社や合同会社のように利益を追求して多額の利益を出しても問題ありません。また、一般社団法人の活動範囲も株式会社や合同会社とほぼ変わりません。

　株式会社の取締役（合同会社の社員）に当たる一般社団法人の理事が有限責任である点も株式会社や合同会社と同じです。

一般社団法人の利用価値

　一般社団法人のメリットを株式会社と比較して挙げましょう。

①法人を設立するとき、資本金を拠出する必要がない
②資本金がない以上、法人の出資に対する持分という概念がない

　このうち②が一般社団法人の最大のメリットといえます。一般社団法人に持分がないことを利用して、財産を一般社団法人に移せ

ば、その後どんなに利益が溜まろうとも相続税が掛からないように
するという手法が横行したため、2018年度の税制改正により親族で
支配している一般社団法人には相続税を課税するという改正があり
ましたが、それ以外にも持分がないということのメリットはまだま
だあるのです。

　一般社団法人も株式会社と同じく、公証役場で公証人による法令
適合審査を受けて、定款を認証してもらわなければなりません。定
款認証の手数料は株式会社と同じく5万円です。
　しかし、設立登記で支払う登録免許税は、株式会社では15万円か
かるのに対し、一般社団法人では6万円で済みます。

　一方、一般社団法人のデメリットは次のとおりです。

①株式会社と違って利益が出ても分配できない
②株式会社の取締役の任期が最長10年であるのに対して、一般社
　団法人の理事は最長で2年で役員変更登記をする必要があり、手
　続きが煩雑である

法人設立の費用と期間

　株式会社と合同会社を比べると、合同会社のほうが株式会社より
も設立費用が安く、設立までの期間が早いと断言できます。その大
きな理由は、合同会社が株式会社に比べて、公証人による定款認証

が不要だからです。逆に、一般社団法人と株式会社は、公証人による定款認証が必要な以上、設立までの期間はそれほど変わりません。

　設立費用（実費）と設立に要する期間は次のとおりです。

	株式会社	合同会社	一般社団法人
登録免許税	15万円	6万円	6万円
収入印紙代	（4万円）	（4万円）	（0円）
定款認証手数料	5万2,000円	0円	5万2,000円
合計（電子定款）	20万2,000円	6万円	11万2,000円
合計（普通定款）	24万2,000円	10万円	11万2,000円
設立までの期間	最短2日〜7日	最短1日〜3日	最短2日〜7日

　なお、株式会社や合同会社の定款が電子定款（後述）である場合、収入印紙代4万円は不要です。一般社団法人の定款は、普通定款であっても電子定款であっても収入印紙代はかかりません。

3-2. 法人設立にあたって

　合同会社設立にあたって、まず次のことを決めておかなければなりません。

> ①商号（法人名）
> ②目的
> ③本店所在地
> ④資本金
> ⑤出資者
> ⑥役員
> ⑦事業年度

　これらを決定するためのポイントについて紹介しましょう。

商号

　商号とは、営業上使用する名称のことです。自分の気に入った商号を自由に決めることができます。ただし、名称には必ず「合同会社」を入れなければなりません。

　商号の登記には日本文字以外にローマ字やアラビア数字などの符

号を用いることができるようになってから、商号に特にローマ字を使うケースが目立って多くなりました。

　ただし、商号を決めるとき、ローマ字の単語同士の間はスペースを空けられますが、合同会社の前後は空けることはできません。例えば「合同会社　ＢＩＴＣＯＩＮ　ＴＲＡＤＥＲ」という表記はできません。この場合は「合同会社ＢＩＴＣＯＩＮ　ＴＲＡＤＥＲ」となります。

　商業登記法では「商号の登記は、その商号が他人の既に登記した商号と同一であり、かつ、その営業所の所在場所が当該他人の商号の登記に係る営業所の所在場所と同一であるときは、することができない」とされました（商業登記法27条）。

　以上のルールに従えば、本店の所在場所が「４丁目１番23号」と「４丁目１番23号Ａ号室」の場合は、同一本店とみなされ、登記できません。しかし「４丁目１番23号Ａ号室」と「４丁目１番23号Ｂ号室」ならば、登記できることになります。また、本店の所在場所が同一であっても、Ａ株式会社とＡ合同会社の場合は、会社の種類も商号の一部であるとされているので、登記できることになります。

目的

　目的とはこれから法人が営む事業内容です。もちろん登記事項でもあります。

　仮想通貨トレードをする場合は「仮想通貨の売買」と事業目的に記載したいところですが、この「仮想通貨の売買」と記載した場合、

仮想通貨交換業をすると誤解される可能性があります（仮想通貨交換業は株式会社しかすることができません）ので、「有価証券の売買」や「外国為替証拠金取引」などと別の事業目的を記載します。例えば「有価証券の売買」としか記載しなかった場合でも、仮想通貨の売買ができないというわけではありません。通常は、事業目的の最後に「前（各）号に附帯または関連する一切の事業」という文言を入れます。したがって、事業目的に書かなかったとしても仮想通貨の売買ができないということはありません。

　会社の経費も業種によってある程度経費の種類というものは決まってくるため、幅広い事業内容を想定することによって経費の範囲を広げることができます。もちろん、それらの開業準備費用も経費となります。

　ですから、現在は仮想通貨の売買しか予定がない場合でも、定款に記載する事業目的については将来する可能性のある事業をあらかじめ記載しておくことをおすすめします。せっかくですから、何か自分にできそうな商売、自分の特技を生かした商売、ホームページの企画・制作、インターネット通販、各種コンサルティングなどを、できるだけ事業目的に記載しておきましょう。

　「会社　目的　検索」などでネット検索すると事業目的を検索できるデータベースサイトが多く見つかります。筆者のおすすめはE-MOKUTEKI.COMです。

E-MOKUTEKI.COM

`http://www.e-mokuteki.com/`

　こうしたサイトを参考に、思いつくかぎりキーワードを入力して
みるとよいでしょう。

本店所在地

　会社設立登記申請書に記載する本店所在地は、「○番地」あるい
は「○番○号」まで具体的に記載しなければなりません。もちろん、
本店所在場所に税務申告書類など重要な郵便物が届きますから、必
ず実在する住所である必要があることはいうまでもありません。

　定款には、本店所在地を最小行政区画である市区町村まで記載す
ればよいことになっています。しかし、その場合には本店所在地を
別途決定した議事録が必要です。したがって、本店所在地が具体的
に決まっているならば、最初から定款に記載しておいたほうが便利
であるといえます。

　自宅を会社の本店所在地にすることもできます。実際、株式会社
や合同会社など、会社の種類を問わず、事務所が不要である会社は、
自宅を本店所在地としているケースがほとんどです。賃借物件の自
宅を本店とした場合、会社が家賃を負担することもできます。

　ただし、自宅が賃借物件の場合、持ち家とは違い、自由に本店所
在地とできないことがあるので注意が必要です。賃借物件を本店所
在地にしようとするときは、事前に賃貸借契約書を確認しておく必
要があります。不安なら、あらかじめ家主に承諾をとっておくとよ
いでしょう。

　賃借物件によっては賃貸借契約書で事業目的での使用を禁止して

いるものもあります。あとになって契約違反などの問題が生じると厄介です。契約違反などで退去させられた場合、本店所在地も異動しなければなりません。本店所在地の異動は登記事項ですから、当然登記費用もかかります。

また、たとえ持ち家であっても、自宅が分譲マンションの場合は注意が必要です。そのマンションの管理規約によって事業目的で使用できないことがあります。

自宅以外で本店所在地として考えられるのは、実家、レンタルオフィスといったところです。自宅で難しければ、そちらを本店所在地にすることをおすすめします。本店所在地はあまり変更しないで済む場所を選ぶことが重要です。

資本金

資本金とは、設立した法人が事業活動をする元手となる資金です。仮想通貨トレードを行う法人であれば、その資金の大部分が仮想通貨交換業者を通じて購入する仮想通貨の購入資金に充当されることになるでしょう。

現在の会社法では、資本金の額は1円以上ならいくらでもかまわないことになっています。しかし、実際のところ、1円では会社設立の費用さえ出ません。

かといって、資本金を必要以上に多くするのも考えものです。仮想通貨の投資資金が500万円必要だからといって、そのまま資本金を500万円にすることはないのです。

　法人の基礎財産は資本金だけであるため、資本金は一度計上すると簡単に払い戻すことができないようになっています。つまり、個人的にお金が入用になっても、法人の資本金にしたお金を自由に引き出すことはできないのです。

　仮想通貨トレードを行う法人ならば、仮想通貨交換業者が設定する法人口座開設条件を満たすだけの資本金で十分です。ただし、余裕をみて資本金を100〜300万円ぐらいにするよう助言しています。

　資本金が自由に引き出せないのに対して「役員からの借入金」はいつでも引き出せます。例えば、500万円の投資資金で仮想通貨トレードを開始するとして、①100万円を資本金として400万円を役員からの借入金とした場合と、②500万円の全額を資本金とした場合で考えてみましょう。

　この場合、両者とも500万円の投資資金があることに変わりはありません。しかし、法人に投資資金として出したお金が個人的に必要になったとき、①のケースでは、役員からの借入金である400万円は、役員個人からの債務ですから、法人から役員にいつでも自由に返済できるのに対して、②のケースでは、返済する役員借入金はなく、法人が役員に400万円を「貸し付けた」という取引になります。

　自分のお金を法人設立にあたって出したことは①も②もまったく同じです。しかし、資本金として会社にお金を入れてしまうと、お金を自由に引き出せないのです。もし引き出すと、それは役員に対する貸付金となります。

　役員に対する貸付金では、法人が適正な貸付金利息を受け取らなければなりません。もし、無利息とした場合は、認定利息として課

税されることになります。

　これに対して役員からの借入金については、特に無利息でも問題ありません。もちろん、金銭消費貸借契約書を交わし、そこで定められた利息を法人から役員に支払うことも可能です。

　また、役員個人がその法人から給与等以外に貸付金の利子を受けている場合は、確定申告をしなければなりません。そのため、実務上の手間を考えれば、役員からの借入金は無利息のほうがいいのです。

出資者

　法人の出資者は1人よりもできるだけ多いほうが望ましいといえます。これは出資者を多く募って出資金を多く集めるという意味もありますが、出資者兼役員が複数人いれば、それだけ法人化のメリットである「所得の分散」を図ることできるからです。

　個人で仮想通貨トレードをする場合、そこから生じる所得は、その個人の所得となり、その個人だけに課税されます。対して、法人で仮想通貨トレードをする場合、その運用益は法人の収益です。

　この場合、役員報酬や従業員に対する給与を費用として計上できるため、その給与を多く支払うことで、結果、法人の利益（＝収益−費用）が減少し、それに応じて法人が支払う税金も少なくなります。これを所得の分散といい、法人の基本的な節税の考え方です。

　合同会社の場合、出資者は皆、原則として「業務執行社員」となり、経営に参加する権利を持つことになります。そして、その出資

者(つまり業務執行社員)に対して役員報酬を支払います。したがって、家族などで役員報酬の支払いが可能な人であることを前提に、出資者を決めることになります。

法人の役員

　株式会社の場合、法人の役員に該当するのは取締役、代表取締役、監査役などです。一方、合同会社の場合、役員を「社員」「業務執行社員」と呼びます。一般にいわれる会社員の"社員"とは異なることに注意してください。

　合同会社では、出資をした人が業務執行社員（役員）になり、会社経営に参加できる権限を持つのが普通です。そして、そのなかから代表権を有する「代表社員」を選任します。代表権を持つか持たないか、また業務執行権を持つか持たないかは、定款の規定で定めることになります。

　仮想通貨トレードをする法人を設立する場合、概ね次の3つが考えられます。

①自分1人で設立する
②自分と配偶者や家族で設立する
③仮想通貨トレードをしている仲間が集まって設立する

　役員構成の決め方については、自分以外に妻や仲間の業務への貢献度合いがある程度高い場合、業務執行権さらに代表権を持たせる

ことで所得の分散が図れます。また、業務執行への貢献度の強弱を判断し、常勤役員であるか非常勤役員であるかを決めることになります。そして役員報酬の額は、その業務内容に照らした相当額の範囲内で決定する必要があります（役員報酬の決め方については第5章で説明します）。

　サラリーマン本人が仮想通貨トレード法人の代表者に就任しても特に問題はないでしょう。ただし、兼業禁止規定が気になる人は、別の人を代表者にされることをおすすめします。

　そのとき、もし結婚されていれば配偶者を代表者にするのが最善の方法でしょう。もし独身であれば、両親に代表者になってもらうのもいいでしょう。

　なお、もともと自分1人が役員だった仮想通貨トレード法人に、あとから配偶者や両親にも役員になってもらうなど、役員を増員する場合、定款の変更と、役員の氏名は登記事項ですから、法務局に登録免許税を支払って変更の登記手続きが必要になります。

　また、合同会社の役員は、合同会社に「社員として加入する」ということです。社員となるには、新たに出資をするか、別の社員の出資金を譲り受けなければなりません（一方、株式会社の役員は、必ずしも出資の義務はありません）。

　家族を「従業員」にする場合は、世間一般の雇用者と同じような扱いをすることになります。したがって、次のような制約があります。

●従業員としての仕事内容に見合った給料になる

●非常勤であればパートタイマーの扱いになる

●働いてなければ、全く給料は支払えない

　つまり、あまり給料を支給できないということです。それに比べて役員には、ただ「役員」というだけで、非常勤でも報酬が支払えます。それなりの仕事をしていれば、高額の役員報酬を支払えるのです。

事業年度

　事業年度とは、法人の損益を計算する基礎となる期間のことです。この事業年度の損益をもとに、会社は2カ月以内に税務申告を行います。

　法人の場合、事業年度は原則として1年以内となっているため、必ずしも1年である必要はありません。半年とすることもできます。しかし、事業年度終了後に確定申告をしなければならないため、現実には1年間とするケースがほとんどです。

　季節によって業務の繁忙・閑散の時期が極端な事業では、それに応じて事業年度を決めるべきです。しかし、仮想通貨トレードのように定まった季節変動がない事業では、会社設立日の前月末を事業年度末として1年決算としている会社が大半です。例えば、10月中に法人の設立登記をする場合は、9月を事業年度の終了月とします。この場合、事業年度は10月1日から翌年9月末となります。

3-3. 合同会社設立の流れ

合同会社の設立手続きは次の手順で進めます。

①定款の作成
②出資金の払い込み
③登記申請書類の作成
④登記申請
⑤登記完了

会社設立に必要な印鑑

会社設立に当たって必ず必要な印鑑は会社代表者印です。会社代表者印は実印とも呼ばれ、法務局に印鑑登録した印鑑のことです。会社代表者印は、法務局に登記申請をするときに「印鑑届書」を出して登録します。登記申請書や重要な契約などに捺印する場合に使用する、会社にとって最も重要な印鑑です。

会社代表者印は、外側の円に会社名が彫ってあり、内側の円の中に合同会社であれば「代表社員之印」、株式会社であれば「代表取締役印」などの役職名が彫ってあります。①印鑑の大きさが1～3

センチの正方形に収まるものであること、②照合に適しているものであることなど、一定の決まりがあります。

　この会社代表者印を「銀行印」と兼用しても問題はありません。もちろん、安全面が気になるのであれば、銀行印を別途作成すればよいでしょう。

　法人設立後は銀行に法人口座を開設する必要があります。その法人口座開設時に必要となるのが銀行印です。取引をする銀行に届け出るもので、銀行取引のときは常に必要となります。

　ただし、最近は一般企業でもインターネットバンキングを利用することが多くなりました。ことに、仮想通貨トレードをされる方にはインターネットバンキングは必須アイテムといえます。そのため、銀行窓口に出向いて銀行印を捺印することは、ほとんどないでしょう。

　会社の印鑑については、素材などで値段は異なりますが、会社代表者印だけなら、2,000～3,000円で作れます。また、会社代表者印・銀行印・角印を3本セットとして安く販売しているところも多いです。

　ネットで注文をすると通常は3日程度で届きます。商号（会社名）が決まったら、すぐに会社の印鑑を作成することをおすすめします。

定款の作成

　定款とは、先ほども述べたように、会社の組織や運営方法などの基本的ルールを定めたものです。会社を設立するときには必ず作成

しなければなりません。この定款が合同会社設立に必要な基本的書類となります。

定款に記載すべき事項については、絶対的記載事項、相対的記載事項、任意的記載事項の3種類に分かれます。

●絶対的記載事項

定款の絶対的記載事項とは、定款を作成するにあたって必ず記載しなければならない事項です。この記載がない場合は、定款自体が無効となります（会社法第576条）。

合同会社の定款での絶対的記載事項は次のとおりです。

①商号（会社名）
②事業目的（事業の内容）
③本店所在地
④各社員の氏名と住所
⑤各社員の責任
⑥各社員の出資金額

●相対的記載事項・任意的記載事項

定款への記載が必要な絶対的記載事項に対して、記載の有無が自由である相対的記載事項と任意的記載事項があります。

相対的記載事項とは、定款に記載する必要はないが、記載がなければその効力が生じないものです。合同会社の場合は次の事項で足ります。

①公告の方法
②業務執行社員の定め
③代表社員の定め

　任意的記載事項とは、定款に記載する必要がなく、規則的な意味をもつものです。合同会社の場合は事業年度（営業年度）の記載で足ります。

　合同会社の場合は記載事項が少なく、絶対的記載事項を必ず記載し、相対的記載事項や任意的記載事項は必要最低限のものだけ記載すれば、定款をシンプルに作成できます。**図表3.1**のように、A4サイズ１枚にまとめることがポイントです。
　複数枚にすると、各ページの間に契印がいるなど、定款の作成が面倒になります。必要な事項は、必要になったときに決めればいいでしょう。

図表3.1　定款のサンプル（出資者1人の例）

定　款

（商号）
第1条　当会社は、合同会社○○とする。

（目的）
第2条　当会社は、次の事業を営むことを目的とする。
　　　　　1　外国為替証拠金取引などの差金決済取引
　　　　　2　有価証券、オプション取引の売買・保有・運用
　　　　　3　前各号に附帯または関連する一切の業務

（本店所在地）
第3条　当会社は、本店を○○県○○市○○に置く。

（公告の方法）
第4条　当会社の公告は、官報に掲載してする。

（社員の氏名、住所、出資及び責任）
第5条　社員の氏名及び住所、出資の価額並びに責任は次のとおりである。
　　　　　　○○県○○市○○
　　　　　　有限責任社員 ○○ ○○　金○○万円

（業務執行社員）
第6条　社員 ○○ ○○は業務執行社員とし、当会社の業務を執行するものとする。

（代表社員）
第7条　代表社員は、業務執行社員の互選をもって、これを定める。

（営業年度）
第8条　当会社の事業年度は毎年○月1日から翌年○月末日までとする。

以上、合同会社○○の設立のため、この定款を作成し、社員が次に記名押印する。

平成○○年○○月○○日
　　　　有限責任社員　　　　　○○ ○○

出資金の払い込み

定款ができたら、次は出資金（資本金）の払い込みをします。出資金の払い込みは個人の銀行口座に出資金額を払い込むだけです。

出資金の払い込みが完了したら通帳に記帳し、通帳の表紙と裏表紙、１ページ目の口座名義人や住所等が乗っているページ、振込み記録があるページのコピーを取り、その履歴にマーカーで線を引きます。

出資金の払い込みは、出資者それぞれが自分の銀行口座に行うのが一般的です。ただし、出資者が多い場合には、代表者の銀行口座に全員が振り込むことも可能です。

登記申請書類作成

定款の作成、出資金の払込みが完了したら、次は登記申請書類を作成することになります。

登記申請に必要な書類は次のとおりです。

●設立登記申請書　１通（登録免許税として６万円の印紙を貼る）

●定款　１通（こちらに収入印紙４万円を貼る必要はありません）

●代表者及び資本金を決定したことを証する書面　１通

●代表社員の就任承諾書　１通

●払込みがあったことを証する書面　１通

●資本金の額の計上に関する証明書　１通

- ●印鑑証明書　該当者全員分
- ●印鑑届書　1通
- ●「登記すべき事項」を記載したもの　CD-Rなど

　登録免許税の6万円の印紙は法務局で購入できます。印鑑届書も法務局で入手できます。

登記申請

　登記申請書類を法務局に提出した日が会社設立日となります。「大安」の日がいいとか、会社設立日にこだわりのある人は、それに合わせて準備をしておきましょう。

　法務局に登記申請書を提出するとき、登記完了予定日が記載された紙を渡されます。特段問題がなければ、その日に登記事項証明書などが入手可能です。法務局によっては登記完了予定日をプレートなどで表示しているところもあります。

　仮想通貨トレード法人設立はいつごろがいいかといったものはありません。個人の仮想通貨トレードで得た所得を設立した法人に付け替えることは不可能です。ただし、個人は暦年（1～12月）で所得課税されますから、個人の売買で1月から利益が出ている場合、早く法人化すればその分節税になる可能性は高まります。

　たまに法人を設立してもすぐに売買を始めようとしないで、数カ月放置する人がいます。しかし、そうするくらいなら取引が始められる時期まで法人設立を待ったほうが賢明です。なぜなら、法人の

役員報酬は会社設立後3カ月以内に支給しないと当該事業年度中は支給できないという法人税法の制約があるからです。

登記完了

　登記完了後、法務局に「印鑑カード交付申請書」を提出すれば、印鑑カードを交付してもらえます。そのとき必要なものは会社代表者印です。

　今では、印鑑カードを挿入し、印鑑登録者の生年月日を入力すると簡単に登記事項証明書や印鑑証明書を取得できる機械を設置してある法務局もありますので、以前に比べて手続きは簡単になっています。

　登記事項証明書（現在事項証明書もしくは履歴事項証明書）と印鑑証明書は、銀行で法人口座を開設するときや、仮想通貨交換業者で仮想通貨トレードのための口座を開設するときに必要です。何部いるか事前に確認しておきましょう。

専門家の利用

　自分で法人を設立するのは初めてという人が大半だと思います。自力で手続きをする場合、一般的には本やネットで調べたり、法務局に直接相談したりして進めることになるでしょう。その点からいえば、合同会社は定款の認証が不要で、手続き上の負担も軽いため、

自分で設立しやすいといえます。

　専門家に依頼する場合は、合同会社でも株式会社でも、そう手間は変わりません。自分で手続きをするところについても明確に指示してもらえるため、迷うことはないでしょう。また、登記に必要な書類なども作成してもらえるため、自分でするよりも早く確実に法人の設立が可能です。

　もちろん、専門家への報酬の支払いは発生します。また、自分で法人を立ち上げる達成感を味わいたい人もいるでしょう。ただ、最近は設立登記の報酬も安くなっており、できるだけ早く法人化を望む人や、手間と時間をかけられない人は、専門家に依頼することをおすすめします。

3-4.　一般社団法人設立の流れ

一般社団法人の設立手続きは次のような手順で進めます。

①定款の作成
②定款認証手続
③登記申請書類の作成
④登記申請
⑤登記完了

会社設立に必要な印鑑

会社設立に当たって必要な印鑑については、合同会社設立の場合と変わりません。

定款の作成

定款とは、先ほども述べたように、法人の組織や運営方法などの基本的ルールを定めたものです。一般社団法人を設立するときにも必ず作成しなければなりません。この定款が一般社団法人設立に必要な基本的な書類となります。

定款に記載すべき事項については、絶対的記載事項、相対的記載事項、任意的記載事項の3種類に分かれます。

●絶対的記載事項

定款の絶対的記載事項とは、定款を作成するにあたって必ず記載しなければならない事項で、この記載がない場合は定款自体が無効となります。一般社団法人の定款での絶対的記載事項は次のとおりです。

①名称（法人名）
②目的事業（事業の内容）
③主たる事務所の所在地
④設立時社員の氏名と住所
⑤社員の資格の得喪に関する事項
⑥公告方法
⑦事業年度

●相対的記載事項・任意的記載事項

定款への記載が必要な絶対的記載事項に対して、記載の有無が自由である相対的記載事項と任意的記載事項があります。

相対的記載事項とは、定款に記載する必要はないが、記載がなければその効力が生じないものです。一般社団法人の場合の相対的記載事項としては、次のような事項などがあります。

①社員の経費の負担
②理事会、監事の設置

　任意的記載事項とは、定款に記載する必要がなく、規則的な意味をもつものです。一般社団法人の任意的記載事項としては、次のような事項があります。

①社員総会の招集時期
②役員の員数
③理事・監事の報酬

　図表3.2にサンプルを掲載しました。

図表 3.2　定款のサンプル（理事会非設置の場合）

定　款

第1章　総　則
（名称）
第1条　当法人は、一般社団法人○○○○と称する。

（主たる事務所）
第2条　当法人は、主たる事務所を○○県○○市○○に置く。

（目的）
第3条　当法人は、仮想通貨に関する正しい情報を発信し、仮想通貨による健全な資産形成に資することを目的とし、その目的に資するため、次の事業を行う。
　　　　1　仮想通貨に関するアドバイザーの人材育成及び支援
　　　　2　仮想通貨に関するセミナーの企画、運営及び開催
　　　　3　仮想通貨に関する学術的研究及びそれに関する事業
　　　　4　前各号に附帯又は関連する事業

（公告の方法）
第4条　当法人の公告は、当法人の主たる事務所の公衆の見やすい場所に掲示する方法により行う。

第2章　社　員
（名称）
第5条　当法人の目的に賛同し、入社した者を社員とする。
　　　2　社員となるには、当法人所定の様式による申込みをし、代表理事の承認を得るものとする。

（経費等の負担）
第6条　社員は、当法人の目的を達成するため、それに必要な経費を支払う義務を負う。
　　　2　社員は、社員総会において別に定める入会金を納入しなければならない。

（退社）
第7条　社員は、いつでも退社することができる。ただし、1か月以上前に当法人に対して予告をするものとする。

（除名）
第８条　当法人の社員が、当法人の名誉を毀損し、若しくは当法人の目的に反する行為をし、又は社員としての義務に違反するなど除名すべき正当な事由があるときは、一般社団法人及び一般財団法人に関する法律（以下「一般法人法」という。）第49条第２項に定める社員総会の決議によりその社員を除名することができる。

（社員の資格喪失）
第９条　社員が次の各号のいずれかに該当する場合には、その資格を喪失する。
　　　　1　総社員の同意があったとき
　　　　2　成年被後見人又は被保佐人になったとき
　　　　3　死亡し、若しくは失踪宣告を受け、又は解散したとき
　　　　4　除名されたとき

第３章　社員総会
（開催）
第10条　定時社員総会は、毎年○月に開催し、臨時社員総会は、必要がある場合に開催する。
（招集）
第11条　社員総会は、理事の過半数の決定に基づき代表理事が招集する。
　　　　2　社員総会の招集通知は、会日より１週間前までに社員に対して発する。

（決議の方法）
第12条　社員総会の決議は、法令に別段の定めがある場合を除き、総社員の議決権の過半数を有する社員が出席し、出席した当該社員の議決権の過半数をもって行う。

（議決権）
第13条　社員は、各１個の議決権を有する。

（議長）
第14条　社員総会の議長は、代表理事がこれに当たる。代表理事に事故があるときは、当該社員総会において議長を選出する。

（議事録）
第15条　社員総会の議事については、法令の定めるところにより議事録を作成し、議長及び出席した理事がこれに署名又は記名押印する。

第4章　役　員
（役員）
第16条　当法人に、次の役員を置く。
　　　　　1　理事　2名以上○名以内
　　　　　2　監事　1名
　　　　2　理事のうち1名を代表理事とする。

（選任）
第17条　理事及び監事は、社員総会の決議によって社員の中から選任する。た
　　　　　だし、必要があるときは、社員以外の者から選任することを妨げない。
　　　　2　代表理事は、理事の互選によって定める。

（任期）
第18条　理事の任期は、選任後2年以内に終了する事業年度のうち最終のもの
　　　　　に関する定時社員総会の終結の時までとする。
　　　　2　監事の任期は、選任後4年以内に終了する事業年度のうち最終のもの
　　　　　に関する定時社員総会の終結の時までとする。
　　　　3　任期の満了前に退任した理事又は監事の補欠として選任された理事又
　　　　　は監事の任期は、前任者の任期の残存期間と同一とする。

（理事の職務及び権限）
第19条　理事は、法令及びこの定款の定めるところにより、その職務を執行す
　　　　　る。
　　　　2　代表理事は、当法人を代表し、その業務を統括する。

（監事の職務及び権限）
第20条　監事は、理事の職務の執行を監査し、法令の定めるところにより、監
　　　　　査報告を作成する。
　　　　2　監事は、いつでも、理事及び使用人に対して事業の報告を求め、当法
　　　　　人の業務及び財産の状況の調査をすることができる。

（解任）
第21条　理事及び監事は、社員総会の決議によって解任することができる。た
　　　　　だし、監事の解任の決議は、総社員の半数以上であって、総社員の議
　　　　　決権の3分の2以上に当たる多数をもって行わなければならない。

（報酬等）
第22条　理事及び監事の報酬、賞与その他の職務執行の対価として当法人から
　　　　受ける財産上の利益は、社員総会の決議によって定める。

第５章　計　算
（事業年度）
第23条　当法人の事業年度は、毎年○月○日から（翌年）○月○日までの年１
　　　　期とする。

（事業計画及び収支予算）
第24条　当法人の事業計画及び収支予算については、毎事業年度開始日の前日
　　　　までに代表理事が作成し、直近の社員総会において承認を受けるも
　　　　のとする。これを変更する場合も、同様とする。

第６章　附　則
（最初の事業年度）
第25条　当法人の最初の事業年度は、当法人成立の日から平成○○年○月○日
　　　　までとする。

（設立時の役員）
第26条　当法人の設立時理事、設立時代表理事及び設立時監事は、次のとおり
　　　　とする。
　　　　　　　設立時理事　　　　　○○○○　　○○○○
　　　　　　　設立時代表理事　　　○○○○
　　　　　　　設立時監事　　　　　○○○○

（設立時社員の氏名及び住所）
第27条　設立時社員の氏名及び住所は、次のとおりである。
　　　　　　　住　所　　　　　○○県○○市○○
　　　　　　　設立時社員　　　　　○○○○
　　　　　　　住　所　　　　　○○県○○市○○
　　　　　　　設立時社員　　　　　○○○○

（法令の準拠）
第28条　本定款に定めのない事項は、全て一般法人法その他の法令に従う。

> 　以上、一般社団法人○○○○設立のため、この定款を作成し、設立時社員が次に記名押印する。
>
> 平成○○年○月○日
>
> 　　　　設立時社員　　　　○○○○　　印
> 　　　　設立時社員　　　　○○○○　　印

定款認証

　2004年3月より、CD-Rなどの電子媒体で保存された定款でも認証を受けられるようになりました。これを「電子定款」といいます。現在では、ほとんどの定款が「電子定款」となっています。

　株式会社や一般社団法人を設立する場合、公証人による定款の認証が必要です。電子定款の認証は、具体的には次のような流れです（一連の作業を行政書士に依頼することが多いです）。

①定款の原稿を公証人にチェックしてもらう

　定款の雛型などを参考にして、株式会社や一般社団法人の定款をワードなどで作成します。作成したら公証人にFAXをして、チェックをしてもらいます。訂正箇所があれば、公証人の依頼どおりに訂正します。

②PDF作成

　ワードで作成した定款をPDFファイルに変換し、電子署名をし

ます。登記・供託オンライン申請システム（2012年1月10日より）
を利用して、電子署名済みPDFファイルを公証人に送ります。

③公証人の電子署名

　公証人は、登記・供託オンライン申請システムからPDFファイ
ルをダウンロードして、別途公証人の電子署名を付加します。

④公証役場で受け取る

　電子定款と定款の謄本を受け取ります。登記と法人保管のため、
2つずつ受け取るのが普通です。電子定款は、CD-Rに「作成した
定款のPDFファイルと公証人の署名の2つのファイル」として入っ
ています。

　法人設立時に作成される定款のことを特に「原始定款」といいま
す。法人の原始定款は、公証人役場で公証人の認証を受けなければ
なりません。ただし、公証人の認証を受けなければならないのは原
始定款だけで、会社設立後に定款を変更したとしても、改めて公証
人の認証を受ける必要はありません。

　従来の定款は紙に印刷しましたので、もし定款の内容を訂正しな
ければならないときは、加筆訂正のうえ捺印することで対処できま
した。しかし、電子定款は訂正できません。もし、変更があれば、
ワードで作ったもともとの定款の原稿を訂正します。もちろん、公
証人の再認証は必要ありません。

登記申請書類作成

定款の作成、定款認証が完了したら、次は登記申請書類を作成することになります。

登記申請に必要な書類は次のとおりです。

- ●設立登記申請書　1通（登録免許税として6万円の印紙を貼る）
- ●定款　1通
- ●設立時理事の就任承諾書　2通
- ●設立時代表理事の就任承諾書　1通
- ●設立時監事の就任承諾書　　　1通
- ●印鑑証明書　該当者全員分
- ●印鑑届書　1通
- ●「登記すべき事項」を記載したもの　CD-Rなど

登録免許税の6万円の印紙は法務局で購入できます。印鑑届書も法務局で入手できます。

専門家に依頼する

合同会社は定款の認証が不要で、手続き上の負担も軽いため、自分で設立しやすいといえます。しかしながら、一般社団法人の設立は、手続きが煩雑ですから、自分で設立するのは容易ではないでしょう。できれば、専門家に依頼されることをお勧めします。

　専門家に依頼する場合は、合同会社でも株式会社でも一般社団法人でも、そう手間は変わりません。自分で手続きをするところについても明確に指示してもらえるため、迷うことはないでしょう。また、登記に必要な書類なども作成してもらえるため、自分でするよりも早く確実に法人の設立が可能です。もちろん、専門家への報酬の支払いは発生します。ただ、最近は設立登記の報酬も安くなっております。

3-5．法人設立後にすること

　法人設立後に、事業を開始するにあたって、いくつか届出と準備をしておかなければならないことがあります。

税務上の届出

　事業を開始するにあたって所管の税務署、都道府県税事務所、市区町村役場に届出手続きをする必要があります。次に挙げる届出書類は必ず提出しましょう。

提出書類	提出先	提出期限
①法人設立届出書	税務署	会社設立の日から2カ月以内
②給与支払事務所等の開設届出書	税務署	事業所開設日から1カ月以内
③青色申告承認申請書	税務署	会社設立の日から3カ月経過した日と、設立事業年度終了の日のいずれか早い日の前日
④源泉所得税の納期の特例の承認に関する申請	税務署	すみやかに提出
⑤法人設立届出書	都道府県税事務所と市町村役場	地域の都道府県税事務所や市町村で異なります。

図表3.3　法人設立届出書のサンプル

法 人 設 立 届 出 書　※ 整理番号

税務署受付印

税務署長殿	本店又は主たる事務所の所在地	〒○○○－○○○○　東京都～　電話　（×××）×××－××××
	納　税　地	〒○○○－○○○○　東京都～
	（フリガナ）	ゴウドウガイシャ○○○○
	法　人　名	合同会社○○○○
	法　人　番　号	○○○○○○○○○○○○○
	（フリガナ）	○○○○
	代 表 者 氏 名	○○○○　　印
	代 表 者 住 所	〒１２３－４５６７　東京都○○区○○～　電話（△△）△△△△－△△△△

新たに内国法人を設立したので届け出ます。

設 立 年 月 日	平成30年8月1日	事業年度	自　8月1日　　至　7月31日
設立時の資本金又は出資金の額	○○万円	消費税の新設法人に該当することとなった事業年度開始の日	平成　年　月　日

事業の目的
（定款等に記載しているもの）仮想通貨の売買
（現に営んでいるもの又は営む予定のもの）同上

支店・出張所・工場等

名称	所在地
	電話（　）　－
	電話（　）　－
	電話（　）　－
	電話（　）　－

設 立 の 形 態
1　個人企業を法人組織とした法人である場合
2　合併により設立した法人である場合
3　新設分割により設立した法人である場合（□分割型・□分社型・□その他）
4　現物出資により設立した法人である場合
5　その他（　　）

設立の形態が1～4である場合の設立前の個人企業、合併により消滅した法人、分割法人又は出資者の状況
（事業主の氏名、合併により消滅した法人の名称、分割法人の名称又は出資者の氏名、名称）

納　税　地	事 業 内 容 等

設立の形態が2～4である場合の適格区分　　適　格　・　その他

事業開始（見込み）年月日

「給与支払事務所等の開設届出書」提出の有無　　有　・　無

添付書類
1　定款等の写し
2　株主等の名簿
3　設立趣意書
4　設立時の貸借対照表
5　合併契約書の写し
6　分割計画書の写し
7　その他（　　）

関与税理士
氏名　○○○○
事業所所在地　××県××市××丁目××番××号　電話（△△）△△△△－△△△△

設立した法人が連結子法人である場合

連結親法人名	
連結親法人の納税地	〒　　　電話（　）　－
「完全支配関係を有することになった旨等を記載した書類」の提出年月日	連結親法人　年　月　日　　連結子法人　年　月　日

所轄税務署

税理士署名押印　○○○○　　印

※税務署処理欄	部門	決算期	業種番号	番号	入力	名簿	通信日付印	年　月　日	確認印

29.06改正

①法人設立届出書

合同会社を設立したら、設立日から2カ月以内に所管の税務署に届出をしなければなりません。そのための書類です。このとき添付書類として、定款のコピーと履歴事項全部証明書のコピーを提出します。

図表3.3にサンプルを掲載しました。

②給与支払事務所等の開設届出書

法人が役員などに給料を支払うと、源泉所得税を天引きし、税務署に支払う必要があります。この書類を提出すると、税務署から源泉所得税の納付書が送られてきます。その納付書をもらうための手続きと考えればいいでしょう（**図表3.4**にサンプルを掲載）。

③青色申告承認申請書

青色申告（後述）の承認を受けるために提出する申請書です。

図表3.5にサンプルを掲載しました。

この申請書の提出期限は次のとおりです。

●会社設立の日から3カ月を経過した日の前日
●会社設立事業年度の終了の日の前日

ちなみに、すでに設立されている法人の提出期限は、その承認を受けようとする事業年度の開始の日の前日までです。

この申請書は必ず期限内に提出してください。この承認を受ける

図表3.4　給与支払事務所等の開設届出書のサンプル

※整理番号

給与支払事務所等の開設・移転・廃止届出書

税務署受付印

〒○○○−○○○○

	住所又は本店所在地	東京都〜
		電話（×××）×××−××××
事務所開設者	（フリガナ）	ゴウドウガイシャ○○○○
	氏名又は名称	合同会社○○○○
	個人番号又は法人番号	○○○○○○○○○○○○○
	（フリガナ）	○○○○
	代表者氏名	○○○○　㊞

○○ 税務署長殿

所得税第230条の規定により次のとおり届け出ます。

（注）「住所又は本店所在地」欄については、個人の方については申告所得税の納税地、法人については本店所在地（外国法人の場合には国外の本店所在地）を記載してください。

開設・移転・廃止年月日	平成30年8月1日	給与支払を開始する年月日	平成30年8月25日

○届出の内容及び理由
（該当する事項のチェック欄□に✔印を付してください。）

「給与支払事務所等について」欄の記載事項

		開設・異動前	異動後

開設	☑ 開業又は法人の設立	⇨	開設した支店等の所在地	
	□ 上記以外			
	※本店所在地等とは別の所在地に支店等を開設した場合			
移転	□ 所在地の移転	⇨	移転前の所在地	移転後の所在地
	□ 既存の給与支払事務所等への引継ぎ	⇨	引継ぎをする前の給与支払事務所等	引継先の給与支払事務所等
	（理由）□ 法人の合併　□ 法人の分割　□ 支店等の閉鎖			
	□ その他（　　　　）			
廃止	□ 廃業又は清算結了　□ 休業			
その他（　　　　　　　　　　）		⇨	異動前の事項	異動後の事項

○給与支払事務所等について

	開設・異動前	異動後
（フリガナ）		
氏名又は名称		
住所又は所在地	〒　　　　　　　電話（　　）　　−	〒　　　　　　　電話（　　）　　−
（フリガナ）		
責任者氏名		
従事員数	役員　1　人　従業員　　人（　　）　　人（　　）　　人（　　）　　人（　　）　　人	
（その他参考事項）		

税 理 士 署 名 押 印	○○○○　㊞

※税務署処理欄	部門	決算期	業種番号	入力	名簿等	用紙交付	通信日付印	年 月 日	確認印
	番号確認　身元確認　確認書類 □ 済　□ 未済	個人番号カード/通知カード・運転免許証 その他（							

図表3.5　青色申告承認申請書のサンプル

青色申告の承認申請書

税務署受付印

※整理番号

納　税　地	〒○○○−○○○○ 東京都〜 電話（×××）×××−××××
（フリガナ）	ゴウドウガイシャ○○○○
法　人　名　等	合同会社○○○○
法　人　番　号	○○○○○○○○○○○○○
（フリガナ）	○○○○
代　表　者　氏　名	○○○○　　　　　　　　　㊞
代　表　者　住　所	〒○○○−○○○○ 東京都○○区○○〜
事　業　種　目	仮想通貨の売買業
資 本 金 又 は 出 資 金 額	○○万円

○○ 税務署長殿

自　　平成30年8月1日
至　　平成31年7月31日

事業年度から法人税の申告書を青色申告によって提出したいので申請します。

記

1　この申請書が次に該当するときには、それぞれ口にレ印を付すとともに該当の年月日を記載してください。

□ 青色申告書の提出の承認を取り消され、又は青色申告書による申告書の提出をやめる旨の届出書を提出した後に再び青色申告書の提出の承認を申請する場合には、その取消しの通知を受けた日又は取りやめの届出書を提出した日　　平成 年 月 日

☑ この申請後、青色申告書を最初に提出しようとする事業年度が設立第一期等に該当する場合には、内国法人である普通法人又は協同組合等にあってはその設立の日、内国法人である公益法人等又は人格のない社団等にあっては新たに収益事業を開始した日、公益法人等（収益事業を行っていないものに限ります。）に該当していた普通法人又は協同組合等にあっては当該普通法人又は協同組合等に該当することとなった日　　平成30年8月1日

□ この申請後、青色申告書を最初に提出しようとする事業年度が連結納税から離脱した（連結法人による連結完全支配関係を有しなくなった）日を含む事業年度である場合には、その離脱した日　　平成 年 月 日

□ 連結法人である内国法人が自己を分割法人とする分割型分割を行った場合には、分割型分割の日

□ 内国法人が、法人税法第 4条の 5第 2項第 4号又は第 5号（連結納税の承認の取消し）の規定により第 4条の 2（連結納税義務者）の承認を取り消された場合には、取り消された日　　平成 年 月 日

□ 内国法人が、法人税法第 4条の 5第 2項各号の規定により第 4条の 2の承認を取り消された場合は、取り消された日　　平成 年 月 日

2　参考事項

（1）帳簿組織の状況

伝票又は帳簿名	左の帳簿 の 形 態	記帳の 時 期	伝票又は帳簿名	左の帳簿 の 形 態	記帳の 時 期
総勘定元帳	E D P	毎日			

（2）特別な記帳方法の採用の有無
□ イ 伝票会計採用
☑ ロ 電子計算機利用

（3）税理士が関与している場合におけるその関与度合
記帳指導

税 理 士 署 名 押 印	○○○○　　　　　　　　　　　㊞

※ 税務署 処理欄	部門		決算 期		業種 番号		入力		名簿		通信日付印	年 月 日	確認 印

ことによって税法上の優遇措置を受けることができます。期限内に提出しないと最初の事業年度は青色申告の優遇措置が受けられません。赤字が10年間繰越可能となる特典もこの申請書を提出して初めて可能になります。

　なお、青色申告承認申請書となっていますが、特に税務署から却下の通知がなければ申請は受理されたものと考えて問題ありません。また、却下の通知が税務署から来ることもまずありません。

④源泉所得税の納期の特例の承認に関する申請

　法人が役員報酬などの給与を支給するときに、原則として源泉所得税を本人から徴収し、税務署に納付する必要があります。源泉所得税は、原則として徴収した日の翌月10日が納期限です。

　しかし、この申請を行うことで源泉徴収義務者が、給与や退職手当、税理士等の報酬や料金について源泉徴収をした所得税について、次の年２回にまとめて納付できる特例を受けることができます。

●１〜６月までに支払った所得から源泉徴収をした所得税
　→ その年の７月10日
●７〜12月までに支払った所得から源泉徴収をした所得税
　→ その翌年の１月20日

　この特例は、給与の支給人員が常時10人未満である場合にしか適用されません。また、申請書提出の翌月から適用されますので、できるだけ早く提出する必要があります。例えば、８月中に法人を設

立し、同月中にこの特例の申請書を提出すれば、9月の役員報酬から源泉徴収した所得税の支払から適用されますので、9月から12月までの役員報酬から源泉徴収した所得税の納期は翌年の1月20日になります。

なお、この申請書には過去6カ月間の給与の支払状況を記入して提出することになっていますが、会社設立時は支給実績がないので、空欄のままでかまいません。したがって、会社名、所在地、代表者氏名と会社代表者印だけとなります。

図表3.6にサンプルを掲載しました。

⑤法人設立届出書

①と同じ法人設立届出書を定款のコピーと履歴事項全部証明書のコピーとともに、所管の都道府県税事務所と市町村役場に提出します。ただし東京23区に設立した場合、区役所への提出は不要です。

青色申告とその特典

青色申告とは、帳簿の記帳方法や保存について一定のルールを守って行うことにより税法上の優遇措置を受けられる制度です。なお、日本国内の大部分の法人が、この青色申告で税務申告をしています。

青色申告をするには次の要件を満たす必要があります。

①青色申告承認申請書を提出してその承認を受けていること

図表3.6　源泉所得税の納期の特例の承認に関する申請のサンプル

源泉所得税の納期の特例の承認に関する申請書

税務署受付印

| | ※整理番号 | |

住　所　又　は 本店の所在地	〒 〇〇〇-〇〇〇〇 東京都〜 　　電話　（×××）×××-××××	
（フ リ ガ ナ）	ゴウドウガイシャ〇〇〇〇	
氏名又は名称	合同会社〇〇〇〇	
法　人　番　号	〇〇〇〇〇〇〇〇〇〇〇〇〇	
（フ リ ガ ナ）	〇〇〇〇	
代表者氏名	〇〇〇〇　　　　　　　　　㊞	

〇〇 税務署長殿

次の給与支払い事務所等につき、所得税法第216条の規定による源泉所得税の納期の特例についての承認を申請します。

給 与 支 払 事 務 所 等 に 関 す る 事 項	給与支払事務所等の所在地 　※ 申請者の住所（居所）又は本店（主 　　たる事務所）の所在地と給与支払事 　　務所等の所在地とが異なる場合に記 　　載してください。	〒 　　電話　　　　−　　　　−		
	申請の日前6か月間の各月末の給与の 支払を受ける者の人員及び各月の支給金額 〔外書は、臨時雇用者に係るもの〕	月 区 分	支 給 人 員	支 給 額
		30 年 8 月	外 　　　　　人	外 　　　　　円
		30 年 9 月	外 　　　　　人	外 　　　　　円
		30 年 10 月	外 　　　　　人	外 　　　　　円
		30 年 11 月	外 　　　　　人	外 　　　　　円
		30 年 12 月	外 　　　　　人	外 　　　　　円
		31 年 1 月	外 　　　　　人	外 　　　　　円
	1　　現に国税の滞納があり又は最近にお 　　いて著しい納付遅延の事実がある場合 　　で、それがやむを得ない理由によるもの 　　であるときは、その理由の詳細 2　　申請の日前1年以内に納期の特例の 　　承認を取り消されたことがある場合に 　　は、その年月日			

税 理 士 署 名 押 印	〇〇〇〇　　　　　　　　　　　　　　　　㊞

※ 税務署 処理欄	部門	決算 期	業種 番号	入力	名簿	通信日付印	年　月　日	確認印	

> ②一定の帳簿書類を備え付けること
> ③複式簿記による記録を行うこと
> ④上記②の帳簿書類を7年間保存すること

　仮想通貨トレード法人に関連する青色申告の特典として、次のようなものがあります。

> ①青色欠損金の繰越控除
> ②青色欠損金の繰戻還付
> ③少額減価償却資産の特例

　これらについては第7章で詳しく紹介します。青色申告の規定を守らなかった場合には青色申告の承認が取り消されます。

> ①税務調査に際し、帳簿書類を提示しない場合
> ②税務署長の指示に従わない場合
> ③隠ぺい、仮装などがあった場合
> ④2期連続で期限後申告をした場合
> ⑤そのほかの取消事由

　青色申告の承認が取り消された場合、その事業年度以後は青色申告を適用することはできません。この場合、青色申告の承認を受けていたときの欠損金は無効とはならないものの、再度、青色申告承認の申請をしても取消後1年以内は申請が却下されることがあるの

で、注意しなければなりません。

銀行で法人口座を開設

　法人の銀行口座をどこで開設するかは、仮想通貨交換業者への送金の利便性などを考慮して決めればいいでしょう。個人と法人間の資金移動を考えれば、個人口座のある銀行に法人口座を開設するのも便利です。

　最近はインターネットバンキングを利用する人も多いですから、その対応も重要なポイントとなります。

　法人の銀行口座を開設するには、一般的に履歴事項全部証明書、代表者本人確認書類、銀行届出印、印鑑証明書が必要です。銀行によって多少異なりますので、事前に確認しておいてください。

　銀行口座ができると、合同会社の場合、出資者個人の通帳に入金されている資本金となる金額を法人の銀行口座に入金しなければなりません。例えば、資本金100万円であれば、法人の銀行口座に100万円を入金するのが正しい処理です。

　しかし、設立費用（収入印紙など）や設備費などに使ってしまい、資本金とすべきお金があまり残っていないというケースもあります。そのようなときは、仕方がありませんから残額を銀行口座に入金してください。使ってしまった金額は請求書・領収書があれば問題ありません。

仮想通貨交換業者で法人口座を開設

　まずは日本国内の仮想通貨交換業者に法人口座を開くのが一般的です。法人口座の開設には以下の書類が必要です。

①履歴事項全部証明書
②印鑑証明書
③取引担当者の本人確認書類
④代表者から担当者への委任状（取引担当者と会社代表者が異なる場合）

　次に、海外の取引所の口座を開くことになります。国内の取引所に口座開設するための登録手続きは面倒ですが、それに比べて、海外取引所の口座開設のための登録手続きは簡単です。大体のところはメールアドレスだけで登録可能です。しかしながら、アジア圏以外では英語対応のみの取引所がほとんどで、日本語対応のところはあまりありません。何かのトラブルがあっても全部英語で対応しなければならないのは、かなりのデメリットです。

crypto
currency

第4章

仮想通貨トレード法人の基本的運営

4-1. 会計税務

　法人化すれば必ず必要になるのが経理処理です。また、法人がしなければならない税務手続きもいろいろと出てきます。これらについては、税理士に依頼すれば代行してもらえますが、それでも法人の運営にあたり、その概略を理解しておくことは重要です。

法人自体の会計税務

①経理処理

　法人は日々の経理処理をしなければなりません。今は会計ソフトを使えば、会計処理は自分でも簡単にできるようになりました。

　事業年度が終了すると今度は「決算処理」をして、決算書を作成しなければなりません。

②税務申告

　法人は決算日から2カ月以内に法人税申告書を作成し、税務署に申告しなければなりません。さらに、都道府県・市町村にも、それぞれ税務申告書を作成し、提出しなければなりません。

　確定した法人税や法人都道府県税・法人市町村税も申告期限（2カ月以内）までに納付する必要があります。

　個人の確定申告書と異なり、法人税の申告書の作成には税務に関

する知識が必要です。私たち専門家でも、法人税の申告書は専用の
ソフトを利用して作成します。

　法人税の申告書は別表という複数枚（一番簡単な申告書でも10枚
位はあります）の用紙から構成され、それぞれの別表間の数字が複
雑に連動しています。したがって、法人税申告書は専用のソフトを
利用せずに作成するのは容易ではありません。とても素人が手書き
で作成できるようなものではありません。

　税務署に提出する申告書および届出書は、すべて電子申告
（e-Tax）でできますし、都道府県・市町村もel-Taxに対応してい
ます。

③法定調書の提出

　法人は毎年1月末までに、源泉徴収票とそのほかの支払調書を作
成し、税務署に提出しなければなりません。

④償却資産の申告

　法人は毎年1月末までに、償却資産の申告書を市町村に提出しな
ければなりません。

法人役員のための税務

①源泉所得税の徴収と納付

　法人が役員と従業員に給与を支払う場合、毎月の給与にかかる源
泉所得税を法人が天引きしなければなりません。役員報酬から天引
きされた源泉所得税は、法人が税務署に納付することになります。

　通常、仮想通貨トレード法人は設立時に「源泉所得税の納期の特

例の申請」をしますから（第3章参照）、1月と7月の年2回に分けて源泉所得税の納付をします。

②年末調整

　役員報酬など給与収入を会社からもらっている人は、通常12月に年末調整をすることで年間の税額が確定します。したがって、ほかに所得がない場合は確定申告の必要はありません。この年末調整の手続きも法人がしなければなりません。

　また、法人が1月に納付する源泉所得税は、年末調整後の源泉所得税です。この場合は、年末調整で、毎月の給与から天引きした源泉所得税が多すぎれば本人に返し、足りなければ本人からもらう必要があります。

③源泉徴収票の作成

　役員報酬などの給与収入については、各人別に1年間の給与支給額・源泉徴収税額などの金額を記載した源泉徴収票を作成します。

　源泉徴収票は通常4枚作成され、1枚は本人に交付します。本人に交付された源泉徴収票は、必要に応じて確定申告などに使用します。

　残りの内、2枚は住民税計算のために法人が市町村に1月末までに提出しなければなりません。

　最後の1枚は、一定の基準を満たす人だけ、税務署に提出されます。これが法定調書といわれるものです。

　これらの手続きは、費用はかかりますが税理士に依頼すれば代行してもらえます。自分でできない場合や時間的に無理な場合には税理士に依頼すればいいでしょう。

法人が税務申告を怠った場合

　法人の確定申告期限は、事業年度終了後から2カ月以内です。申告をしなかった場合、税務署がその調査によって納付すべき税額を決めます。この処分を「決定」といいます。

●決定がされた場合

　この決定がされた場合は、納付すべき税額とその税額に20％（50万円以下の部分については15％）を乗じた「無申告加算税」を納付しなければなりません。

　さらに、法定納期限後に法人税を納付した場合、遅れた日数分の「延滞税」も納付しなければなりません。延滞税は法定納期限の翌日から納付した日までの「日数」に応じて日割りで計算されます。

●申告が遅れた場合

　申告をするつもりではあったものの、その申告が少し遅れて期限後申告となってしまった場合でもペナルティは発生します。この場合の無申告加算税は、納付すべき税額に5％（一定期間内に申告や納付などがあった場合は免除される場合があります）を乗じた金額です。

なお、この場合も、遅れた日数分の延滞税も合わせて納付しなければなりません。

●申告した税額が少なかった場合

申告期限内に申告を行ったとしても、その申告書に記載された税額が本来の計算と比べて少ないとして税務調査で申告漏れを発見された場合、修正申告をしなければなりません。納付すべき税額とその税額に原則として10%または15%を乗じた「過少申告加算税」を納付しなければなりません。

なお、この場合にも延滞税が発生することになります。

●仮装や隠ぺいがあった場合

無申告加算税や過少申告加算税が課されたとき、その申告書に仮装や隠ぺいがあると、さらに「重加算税」が課される場合があります。

重加算税は、税務調査で悪質なものと判断され、役員賞与として否認されたときなどに課されることが多いです。納付すべき税額に35%（無申告の場合は40%）を乗じた金額となります。

なお、この場合にも延滞税が発生することになります。

●地方税にもペナルティがある

税務署への税務申告（法人税の申告）を怠った場合のペナルティについては以上のとおりです。しかし、都道府県・市町村に支払う地方税ついても同様の規定があり、それぞれ加算税や延滞金を追徴されます。国税に対する延滞税は、地方税では延滞金と呼ばれます。

4-2. 利益管理

　仮想通貨で利益を上げるには、①現物取引やレバレッジ取引・マイニングなど、取引所に上場している仮想通貨トレードそのもので利益を出す方法と、②ICO投資で利益を出す方法があります。もちろん、これらを併用している人もいます。両者の利益管理の基本的な考え方は大きく異なります。

　①の場合、仮想通貨トレードでの損益状況を事業年度単位で的確に管理することが重要となります。一方、②のICO投資はトークンが上場して大きなリターンを得ることができるまで、長期間を要することが多く、どうしても始めに赤字が先行し、トークンが上場することにより大きな利益が出るというサイクルを繰り返すことになります。したがって、ICO投資は中長期的に利益管理を行うことが重要となります。

仮想通貨トレードでの損益管理

　仮想通貨トレード法人の場合、その毎月の収益を予想しようにも、できませんからまったく意味がありません。それでも年間の最低収益目標はしっかり持つ必要があります。それは法人の年間経費をまかなえるだけの収益です。それを「損益分岐点」といいます。

　法人の年間経費はかなり正確な見積もりが可能です。法人の経費のなかで大きなものが役員報酬です。これ以外の法人の経費は年間でもそれほど多くは発生しませんし、特別な支出をしないかぎりは、毎年それほど変わらないはずです。

　常勤役員の役員報酬は毎年度変更可能ですし、必ず見直す必要があります。

　まず、次の①②③を個別に検討して金額を見積ります。そのとき前年度の実績なども参考にしてください。

①常勤役員の報酬（毎年見直しが必要です）
②非常勤役員の報酬（毎年変わりません）
③そのほかの経費（毎年あまり変わりません）
　支払家賃・通信費・旅費交通費・交際費・会議費・消耗品費・減価償却費・雑費など役員報酬以外の法人の費用全般

　こうして法人の年間経費総額が決まりましたら、それが損益分岐点売上高となります。この損益分岐点売上高を収益目標とするのです。

　損益分岐点売上高が達成されて法人は初めて損益ゼロの状態になります。これ以上の売上高が計上できれば法人に利益が生じます。逆に達成できなければ、法人は赤字決算となります。

収益目標への到達度を確認

　毎月の会計処理で、仮想通貨トレードの収益が収益目標に対して
どの程度到達しているか、その到達度を確認します。また、法人の
経費の計上額は当初の予定とどの程度かい離しているかを確認しま
す。

　収益が目標を下回りそうな場合には、まず、③の経費削減を優先
します。役員報酬を引き下げるかの判断は慎重に行うべきです。も
し、業績悪化改訂事由に該当すると判断されれば、役員報酬を減額
することになります（詳しくは第5章で説明します）。

　最終的に決算が赤字になれば、繰越損失として翌期に繰り越すこ
とになります。翌年度以降に赤字が解消できると思えば、翌年度の
役員報酬を引き下げる必要はありません。しかし、そうでなければ
翌年度の役員報酬の引き下げを検討することになります。

　一方、収益が目標を上回った場合、まずは実施可能な節税対策を
検討することになります。節税対策を実施しても利益が出ると、法
人で税金を支払うことになります。法人の税負担は、第2章で述べ
たとおりです。

ICO投資での損益管理

　ICO投資の場合、上場するまで1年以上かかることは普通であ
り、中には何年たっても上場しないこともあります。そのため、リ
スク回避策として、分散投資が有効であることは前述したとおりで

す。

　個人では、ICOを含む仮想通貨トレードで損失を出しても、その損失を次年度以降に繰越すことはできません。しかしながら、法人の場合には、前述のとおり繰越損失は10年間繰越すことができます。

　ICO投資から大きなリターンを得ることができない、つまり法人の売上がなくても、法人の経費は毎事業年度発生します。法人の経費のなかでも、大きなものが役員報酬です。これ以外の法人の経費もそれほど多くはないですが、継続的に発生します。

　赤字でも役員報酬を支給し必要な法人の経費も支払い、適度な繰越損失を保有して、ICO案件の上場で発生する収益に備えることになります。

　その際、次の①②③についてどのくらい金額を計上するかを検討します。このとき重要なのは、ICO投資から得られる収益の予想です。もちろん、ICO案件がいつ上場するかどうかは定かではありません。したがって毎事業年度始めに状況を見直し、役員報酬をはじめとする経費をどうするかを再検討することが不可欠なのです。

①常勤役員の報酬（毎年見直しが必要です）

②非常勤役員の報酬（毎年変わりません）

③そのほかの経費（毎年あまり変わりません）
　支払家賃・通信費・旅費交通費・交際費・会議費・消耗品費・減価償却費・雑費など役員報酬以外の法人の費用全般

帳簿などの保存義務

仮想通貨トレード法人の場合、自宅が事務所であることが多いため、帳簿、請求書、契約書などの書類の保管場所には何かと気を使います。そのため、可能ならば整理したいところです。

このような書類の保存期間を決める規定に、会社法と税法があります。

●会社法に定める書類の保存期間

株式会社は、会計帳簿の閉鎖のとき（決算）から10年間、その会計帳簿とその事業に関する重要な資料を保存しなければなりません（会社法432条2項）。また、決算書類に関しても、同じように作成したときから10年間保存しなければなりません。持分会社も同じく10年間の保存義務があります（会社法615条2項）。

この規定は、これらの書類を保存し、後日紛争が生じた場合の証拠資料とすることを目的としています。

●税法に定める書類の保存期間

税法は書類の保存期間を7年と定めています。これは、税務調査時に遡及する期間が最大で7年であることに合わせています。したがって、それに備えて、仕訳帳、総勘定元帳、現金出納帳などの帳簿や、請求書、領収書などの証憑書類は、7年間保存することが義務づけられています。

これらの帳簿類を保存しておかないと、税務調査があった場合

に、不利な課税をされたり、ペナルティを課せられたりすることがあります。厳守してください。

領収書の保存方法

　会計入力が終わると、領収書などの書類は保存しなければなりません。そのとき問題なのが「領収書」の保存方法です。

　よく、領収書をスクラップブックに貼り付けている人がいます。このやり方を一体誰が考えたのでしょうか。筆者が監査の仕事をしていたころも、ほとんどすべての会社がこの形式で領収書を保存していました。大企業では、それが当たり前な保存方法なのでしょう。しかし、個人企業は、こんなことしていては時間の無駄です。

　最も簡単な領収書の保存方法は、日付順にクリアファイルにでも挟んでおくことです。決算が終われば、チャックつきの透明の袋に保存すれば十分です。

　「クリアファイルにでも挟んで」いうのは、領収書というものは、よくあとから出てくることがあるからです。古い日付の領収書でも、日付順に挟んでいるだけであれば、簡単にその日付のところへ差し込めます。

　実際、領収書をきれいに貼ったところで、その領収書を見返す機会など、まずありません。唯一税務調査のときに、税務署の調査官が見るくらいです。

4-3. 税務調査

　税務調査とは、税務署の調査官が会社にやってきて、法人の帳簿やその作成の基となった資料を調べて、税金が正しく納税されているか確認することです。納税額が少なかったりすると、不足額を修正申告することになります。

　通常の税務調査は任意調査です。しかし、調査を拒んだりすると返って逆効果になります。ただし、都合で時期を延ばしてもらうことはかまいません。

　税務調査を初めて受けるときは、みなさん緊張します。しかし１回受けてみると税務調査がどのようなものか、よく分かるでしょう。

　税務調査がいつやってくるかは税務署のみぞ知るで、実のところよく分かりません。一般的には法人設立後３年経過すればいつ調査のお呼びがかかってもおかしくないといった程度で、３年経過せずにくることもありますし、逆に何年たってもこないこともあります。

　税務調査は、最終の確定申告書を提出した事業年度を中心に行われます。しかし、調査の対象期間は過去３年分までというのが通例です。

協力して早く終える

　税務調査は煩わしいものです。なによりその間拘束されることが一番困りものです。そこで、税務調査を早く終わらせるには、できるだけ協力することです。

　調査官は、法人の帳簿や基礎資料（請求書、領収書、各種取引明細）などを見て事実関係を確認していきます。早く分かれば早く終了となります。逆に、要求された資料は出さない、質問にもまともな返事をしないという非協力的な態度で接するようなことがあれば、調査官の心証を害するだけです。

　税務調査には普段どおりの対応を心がけましょう。どうしても初めての調査だと緊張して、冷静さを失ってしまいがちです。

　次に、調査官に聞かれたことのみに答えることが重要です。緊張のあまりか、あるいは調査官の心証を良くしようとしてか、聞かれてもいないことまで話す人がいます。

　調査官はあくまで税務調査のためにきています。そのことを忘れずに、けっして調査の糸口を与えるようなことを口にしないことです。

　最後に、分からないことは分からないと素直にいいましょう。人は何でも知っているわけではありません。確認しないと答えられないことは確認してから答えればいいのです。推量で答えてしまって調査が長引いたり、混乱したりすることがよくあります。

仮想通貨トレード法人の調査ポイント

　仮想通貨トレード法人の場合、トレードの損益についてはごまか
しようがありません。そのため、税務調査のポイントは役員報酬を
はじめ、法人の支出した経費の調査が中心となります。そのとき税
務調査で問題となりやすいのが、会社の経費とはならない役員の個
人的な経費が含まれていないかという点です。

　役員の個人的な経費を法人の経費としており、税務調査で否認さ
れると、どうなるでしょうか。

①個人的な経費は役員賞与と認定される。役員賞与と認定されると
　法人の経費とはできないので、法人税の追徴を受ける
②役員賞与と認定されると、役員個人は現物給与の支給を受けたこ
　とになり、当然その分収入が増えることになるので、所得税を追
　徴される
③役員賞与は重加算税の対象となりやすい。そうなると通常の過少
　申告加算税（10％）に対して、重加算税の税率は35％となる

　このように、役員の個人的な経費を法人の経費とすると、法人だ
けでなく、役員個人の両方から追徴されます。しかも重加算税も徴
収されるとなると“トリプルパンチ”を受けたようなものです。役
員の個人的経費を法人の経費とはけっしてしないことです。

　利益の出ている法人であれば、税務調査はあると思って経理処理

しなければなりません。税務署は、出された申告書の内容を必ずチェックしています。その結果、申告状況に疑義があると思えば、確認のため税務調査に来るのです。

　税務署は法令・通達に従って税務調査をします。我々、税務の専門家は、税務に関する法令・通達や税務実務を理解していますので、それに基づき税務上問題にならないか、税務上問題にならないためにはどうすればいいのかアドバイスする立場です。

　しかしながら、最終的には税務署の担当官の対応次第の面があるのも事実です。税務署の担当官が問題にするかしないかどうかは担当者次第なのです。

　税務調査で、反論すべきはもちろん反論しなければなりません。よく、大企業が税務調査で追徴を受けると、「解釈の相違です」とコメントが新聞に乗ります。現実の税務調査は解釈の相違で争うことより、事実関係の相違を確認されて追徴されることがほとんどです。

　したがって、税務署の担当官を納得させられる事実関係を作ることが最良の税務調査対策といえます。

4-4. 解散清算

　法人で仮想通貨トレードを止めてしまい、ほかに事業もしていなければ、もはやその法人に存在意義がありません。

　事業活動を行わない法人をそのままにしておくのは望ましいことではありません。なぜなら、法人が存在するかぎり、毎年、税務申告が必要になるうえに、均等割という税金がかかるからです（自治体によっては均等割の減免措置を受けられるところもあります）。

　したがって、法人を解散して、清算手続きをする必要があります。

解散登記

　法人の解散は法務局に登記をします。登記するときは、「解散登記申請書」を作成し、合同会社の場合は「決定書」（**図表4.1**にサンプルを掲載）を、一般社団法人の場合は「社員総会議事録」などの書類を添付しなければなりません。また、解散したら次は清算手続きに入るので、解散登記と同時に、清算事務を行う「清算人の選任登記」をします。

　そして、新たに清算人が選任されることになるため、清算人の「就任承諾書」も添付しなければなりません。

　清算人は役員から選ぶのが一般的です。しかし、役員以外の第三

図表 4.1　決定書の例

決 定 書

1. 平成○○年○○月○○日を持って当社は解散する。

2. 清算人は、○○○○とする。

上記事項を決定する。

平成○○年○○月○○日

合同会社○○
有限責任社員　　○○ ○○

者を清算人に選任することもできます。

税務申告が必要

　法人が解散すると、その事業年度は解散の日で終了します。そのため、解散日を決算日として2カ月以内に決算と税務申告をしなければなりません。そして税金が発生する場合は、2カ月以内に納付します。

　解散日を含む事業年度の税務申告は、それまでの事業年度（通常1年間）と基本的に変わりません。したがって、通常の事業年度と同じく、各帳簿を締め切り、損益計算書・貸借対照表を確定し、法人税法等の所得計算規定に準拠して所得金額・法人税額等を計算し、申告納税をすることになります。

債権者保護手続きが必要

　解散日から遅滞なく、①官報公告や②知れたる債権者への通知を行わなければなりません。つまり「清算する法人に対して債権を有する人は名乗り出て下さい」と世間全体に対して呼びかける手続きです。この申し出の期間は2カ月以上とし、それより短い期間は認められません。

清算手続きの概要

　法人は解散以後、清算手続きのためにのみ存在することになり、本来の事業はできません。清算手続きとは、基本的には会社財産のすべてを現金化し、債務のすべてを弁済する手続きです。そして、清算手続きの結果、法人に残された財産を「残余財産」といいます。

　法人はその設立時から解散時まで継続して事業を続けてきたわけですから、貸借対照表にはさまざまな資産や負債（債務）が計上されています。この資産や負債（債務）を残したままでは出資者に分配できません。そこで、法人に残されたすべての資産を換金し、債務を返済し、最終的に残ったおカネを残余財産として出資者に分配していくことになります。

　なお、一般社団法人の残余財産の分配は、定款の定めがあれば定められた帰属先に帰属しますが、定款に定めがなければ社員総会が決めることになります。

残余財産の確定日から1カ月以内（その間に財産分配の最終分配が行われる場合には、その日まで）に「残余財産確定事業年度の確定申告書」を税務署に提出します。

　合同会社の出資者は、解散があった場合には当然その出資について分配を受けることができます。一方で、この場合の分配額は出資金額に応じて分配されますが、定款に記載することによって均等分配とすることもできます。

　残余財産分配額が出資者の拠出した資本金額を超えている場合、その出資者に対して「みなし配当課税」が課されます。「みなし配当金額」の20％を源泉徴収して税務署に納付しなければなりません。したがって、通常は「みなし配当課税」を受けないよう、出資者への分配額はその出資額を超えないようにします。

役員退職金は残余財産を減少させる

　法人の解散にあたり、役員全員に適正な金額の役員退職金を支給することは、残余財産を大きく減らす効果があります。役員退職金は税制上優遇されており（第7章参照）、役員退職金を支払って残余財産の分配額をできるだけ少なくすることが重要です。

　残余財産分配後、遅滞なく社員総会を開催し、総会終了後2週間以内に「社員総会議事録」や「清算結了報告書」などを添付して、清算結了の登記を行います。この手続きをもって、会社の法人格は消滅します。

第5章

役員報酬の決め方

5-1. 役員報酬のポイント

　2006年5月に施行された会社法で、取締役が1人でも、資本金が1円でも、法人を設立できるようになりました。これに危惧を抱いたのが税務署です。法人をつくって自分や身内に役員報酬や給与を支給して、給与所得控除を使った節税策が横行することを恐れたのです。

　会社を実質的に運営している役員が自分の報酬を自由に決定してしまうと、会社の株主や債権者の不利益につながるという理屈もあり、税制を改正して、法人の役員報酬を制限する規制を強化しました。

定期同額給与

　役員報酬は「定期同額給与」の要件を満たさないと会社の経費と認められません。

　定期同額給与の支給要件は次のとおりです。

①定期同額給与

　その支給時期が1カ月以下の一定期間ごとの給与で、その事業年度の各支給時期で支給額が同額のもの（法人税法第34条第1項第1号）

②定期同額給与の改定

　その事業年度開始日から３カ月を経過する日までに開催される定時株主総会で行われる定期給与の額の改定

③臨時改定事由

　その事業年度で、その法人の役員の職制上の地位の変更、その役員の職務の内容の重大な変更、そのほかこれらに類するやむを得ない事情によるその役員にかかる定期給与の額の改定

④業績悪化改定事由

　その事業年度で、その法人の経営状況が著しく悪化したこと、そのほかこれに類する理由による定期給与の額の減額改定

　法人が役員に支給する役員報酬の額のうち「定期同額給与」「事前確定届出給与」「業績連動給与」のいずれにも該当しないものは、役員報酬として経費に算入されません。また、そのいずれかに該当するものであっても、不相当に高額な給与部分の金額は、損金に算入できません。

　第１期目の役員報酬は、法人設立日から３カ月以内に支給を開始しなければなりません。

　２期目以降は、株式会社であれば、決算日から３カ月以内に開催される定時株主総会で、貸借対照表や損益計算書などの計算書類を提出して、役員報酬の増額または減額の変更の承認を受けなければなりません。例えば、３月決算の法人であれば、通常５月に定時株

主総会を開催し、5月または6月から役員報酬の支給額を変更することになります。

　税務署は役員報酬の変更が定時株主総会で決議されるものと考えています。したがって、3月決算の法人がいきなり4月から役員報酬の増額をするのは、あまり好ましくありません。

　なお、役員報酬の増額改定の前後では、次のように役員報酬は毎月同額である必要があります。

月	4月	5月	改定 6月	7月	8月	9月	10月	11月	12月
報酬月額	50万円	50万円	70万円	70万円	70万円	70万円	70万円	70万円	70万円

　したがって、毎月の利益に応じて役員報酬を変更するといったことは、けっしてできません。

　毎月の役員報酬については変更できませんが、すでに述べた②定時同額給与の改定のほかにも、③臨時改定事由による場合、④業績悪化改定事由による場合も、役員報酬を改定できます。ただし、変更後の金額は毎月同額でなければなりません。

　②③を満たさないにもかかわらず、役員報酬を増額した場合は、その月以降の増額差額について、役員報酬として損金算入が認められません。

　役員報酬は毎月同額を実際に支給するのが基本です。これをもし毎月支給しないで未払いの状態にすれば、毎月同額を払っていると

はいえません。ましてや利益が出ているのに、役員報酬を毎月きちんと支給しないことは、あまりおすすめできません。ただし、合理的な理由がある場合には、一時的に未払いの状態になっても許容されるべきものと思われます。

役員に対する臨時ボーナス

　役員に臨時ボーナスを支給すること自体は可能です。しかし、役員賞与は税務上、経費にならないので、従業員のように会社の業績に応じて役員にボーナスを支給することは、まったく得策ではありません。

　また、役員に対して歩合給や能率給の形式で役員報酬を支給することもできません。支給額が同額でない以上、定時同額給与の要件に該当しないからです。

　ただし、あらかじめ届出を出している場合は、定期的な給与のほかに半年ごとなど所定の時期に給与（賞与）の支給ができます。これを事前確定届出給与（法人税法34条第1項第2号）といいます。

　しかし、事前確定届出給与は、あらかじめ届出書を提出した場合、その金額を支給しなければなりません。その変更にも手続きが必要です。さらに、事前確定届出給与に関する届出書の作成は非常に面倒です。実務的には、事前確定届出給与を支給するよりも、毎月の役員報酬をその分増額したほうがはるかに簡単です。

過大な役員報酬は認められない

　役員報酬は、職務執行の対価であり、事業遂行上必要な経費です。したがって、原則として損金算入されます。しかし、役員報酬のうちに不相当に高額な部分の金額は、損金算入できません（法人税法第34条第2項）。

　過大な役員報酬とは、法人がその役員に支給した役員報酬のうち、次に掲げる項目に照らして、その役員の職務執行の対価として相当と認められる金額を超える金額のことです。

　役員報酬の支給額は、役員の職務内容や職務に従事する程度（常勤・非常勤）、勤続年数などの個別的事情、そして法人の収益状況などの要素を加味して決められます。しかし、それならば一体いくらが適正かとなると、これは非常に難しい問題です。

　ただ、税務当局は役員報酬を次に掲げる要素と比べて、過大部分の有無を判断しています。

①その役員の職務内容との比較
②その法人の収益状況との比較
③その法人と同種の事業を営む法人で、その事業規模が類似するものの役員に対する報酬の状況との比較

役員賞与とみなされるものに注意

　役員賞与を現金で支給しなければ、課税されることはありませ

ん。しかし、ここで注意しなければならないのは「役員賞与とみなされるもの」です。

　これは、役員賞与として支給したつもりではなくても、実質的にその役員に対する賞与としてみなされるものです、法人税法では、役員に対する賞与は実際に支給する金銭のほかに、役員に対する債務免除益や、そのほかの経済的な利益の供与なども含まれます（法基通9-2-9）。

　債務免除益や経済的な利益の供与とは、次に挙げるようなものが該当します。

①役員に物品やそのほかの資産を贈与した場合、その資産の価額に相当する金額

　例：法人が有する自動車を役員に贈与した。

　給与区分：その額が毎月おおむね一定しているものは「定期同額給与」、一定していないものは「役員賞与」となる。また退職時に行われたものは「役員退職金」となる。

②役員に所有資産を通常よりも低額で譲渡した場合、その資産の価額と譲渡価額の差額に相当する金額

　例：法人所有の自動車を低額で役員に譲渡した。

　給与区分：その額が毎月おおむね一定しているものは「定期同額給与」、一定していないものは「役員賞与」となる。また退職時に行われたものは「役員退職金」となる。

③役員から資産を通常よりも高額で買い入れた場合、その資産の価額と買入金額との差額に相当する金額

例：役員所有の自動車を法人が高額で買い入れた。

給与区分：「役員賞与」となる。また退職時に行われたものは、「役員退職金」となる。

④役員に有する債権を放棄または免除した場合、その放棄または免除した債権に相当する金額

例：法人の役員への貸付金を免除した。

給与区分：「役員賞与」となる。また退職時に行われたものは「役員退職金」となる。

⑤役員から債務を無償で引き受けた場合、その引き受けた債務の額に相当する金額

例：役員の個人的債務を法人が無償で肩代わりした。

給与区分：「役員賞与」となる。また退職時に行われたものは「役員退職金」となる。

⑥役員にその居住用に供する土地または家屋を無償または低い価額で提供した場合、通常取得すべき賃借料の額と実際徴収した賃借料との差額に相当する金額

例：法人契約の役員社宅の家賃に個人負担額を徴収しない。

給与区分：「定期同額給与」となる。

⑦役員に金銭を無償または通常の利率よりも低い利率で貸し付けた
　場合、通常取得すべき利率で計算した利息と実際に徴収した利息
　の差額に相当する金額
　例：無償もしくは低い利率で役員に貸付をした場合。
　給与区分：「定期同額給与」となる。

⑧役員に無償または低い対価で上記⑥または⑦に掲げるもの以外の
　用益を提供した場合、通常その用益の対価として収入すべき金額
　と実際に収入した対価の額との差額に相当する金額
　例：役員の借入に際し、法人の不動産を担保提供するときの
　抵当権設定費用を法人が負担した場合。
　給与区分：その額が毎月おおむね一定しているものは「定期
　同額給与」、一定していないものは「役員賞与」となる。

⑨役員に機密費、接待費、交際費、旅費等の名義で支給したものの
　うち、法人業務のために使用したことが明らかでないもの
　例：個人的な交際費や旅費を法人が支払った場合。
　給与区分：毎月定額支給される渡し切り交際費に係わるもの
　は「定期同額給与」、それ以外は「役員賞与」となる。

⑩役員のために個人的費用を負担した場合、その費用の額に相当す
　る金額
　例：役員の住居関連費用を法人が負担した場合。
　給与区分：毎月負担する住宅の光熱費などは「定期同額給

与」、それ以外は「役員賞与」となる。

⑪役員が社交団体等の会員となるため、または会員となっているために要する当該社交団体の入会金、経常会費、そのほか当該社交団体の運営に要する費用で当該役員の負担すべきものを法人が負担した場合、その負担した費用の額
例：法人会員制度があるのに個人会員として入会した場合の入会金や会費など。
給与区分：経常的に負担するものは「定期同額給与」、臨時的なものは「役員賞与」となる。

⑫法人が役員を被保険者および保険金受取人とする生命保険契約を締結し、その保険料の全部または一部を負担した場合、その負担した保険料の額に相当する金額
例：法人が役員を被保険者及び保険受取人とする生命保険契約を締結して、その保険料を全額支払っている場合。
給与区分：経常的に負担するものは「定期同額給与」、臨時的なものは「役員賞与」となる。

このように役員賞与とみなされた債務免除益や利益の供与は、定期同額給与や事前確定届出給与には該当しない給与、つまり役員賞与とみなされた場合、損金に算入できません。
実質的にその役員に賞与（ただし、毎月一定しているものは定期

同額給与となりますから法人の経費として認められます）を支給し
たのと同様の経済的効果をもたらすものとみなされます。ただし、
病気の見舞金などは除かれます。

5-2. 法人の役員報酬を決める

一般事業法人の役員報酬

　一般事業法人の場合、年間の儲けは、それほど大きく変動することはありません。したがって、一般事業法人の年間の役員報酬控除前の利益が分かれば、役員報酬をどのくらいの割合にしたら最も節税効果があるか、シミュレーションが可能です。例えば、年間の役員報酬控除前の利益が2,000万円の場合は、次のようになります。

	個人	法人	合計
比率	1	9	10
取り分	200万円	1,800万円	2,000万円
所得	122万円	1,800万円	
概算税額	18.4万円	559.9万円	578.3万円

	個人	法人	合計
比率	2	8	10
取り分	400万円	1,600万円	2,000万円
所得	266万円	1,600万円	
概算税額	43.8万円	485.8万円	529.6万円

	個人	法人	合計
比率	3	7	10
取り分	600万円	1,400万円	2,000万円
所得	426万円	1,400万円	
概算税額	85.9万円	411.7万円	497.6万円

	個人	法人	合計
比率	4	6	10
取り分	800万円	1,200万円	2,000万円
所得	600万円	1,200万円	
概算税額	138.9万円	337.6万円	476.5万円

	個人	法人	合計
比率	5	5	10
取り分	1,000万円	1,000万円	2,000万円
所得	780万円	1,000万円	
概算税額	196.2万円	263.6万円	459.8万円

	個人	法人	合計
比率	6	4	10
取り分	1,200万円	800万円	2,000万円
所得	980万円	800万円	
概算税額	271.4万円	189.5万円	460.9万円

	個人	法人	合計
比率	7	3	10
取り分	1,400万円	600万円	2,000万円
所得	1,180万円	600万円	
概算税額	358.8万円	139.7万円	498.5万円

	個人	法人	合計
比率	8	2	10
取り分	1,600万円	400万円	2,000万円
所得	1,380万円	400万円	
概算税額	446.1万円	89.9万円	536.0万円

	個人	法人	合計
比率	9	1	10
取り分	1,800万円	200万円	2,000万円
所得	1,580万円	200万円	
概算税額	533.5万円	44.9万円	578.4万円

　この場合、役員報酬と法人利益の割合が5対5のとき、つまり役員報酬を1,000万円、法人の利益を1,000万円としたとき、税金の負担が最も少なくなります。

　このように一般事業法人では、昨年対比などから、正確ではないにしても、ある程度の年間利益が予測可能であるため、このようなシミュレーションが有効です。ただし、このシミュレーションでは、法人役員の社会保険料負担は考慮されていません。

役員にも社会保険加入義務がある

　マイナンバーが導入されて以降、法人の役員に対する社会保険加入義務規定が厳しく適用されるようになってきました。そのため、法人を設立して、代表者に役員報酬を支給するようになると社会保険に加入しなければならない状況になってきました。

　法人の代表者及び常勤役員は、役員報酬が支給されている以上、社会保険に加入する義務があるということです。逆にいえば役員報酬をもらっていなければ、社会保険に加入する義務はないということになります。

　非常勤役員の場合、常勤役員と違い「勤務実態」「業務執行権」「役員報酬の金額」などを総合的に勘案し、社会保険の加入義務があるかどうか判断することになります。登記上役員になっているだけで、まったく役員としての業務は行っていないという状況では、不相当に高額の役員報酬をもらっていなければ社会保険に加入する必要はないということになります。

税金より社会保険料の負担が重い

　サラリーマンなどの被雇用者は、社会保険料を本人と法人が折半して負担しますが、法人の役員報酬にかかる社会保険料は、すべて法人オーナーが実質負担することになります。

　図表5.1によれば、法人が負担する健康保険料率、介護保険料率及び厚生年金保険料率は、それぞれ、9.90％、1.57％および18.30％

図表 5.1　健康保険・厚生年金保険の保険料額表（平成 30 年 4 月分〜）

・健康保険料率：平成30年3月分〜　適用　　・厚生年金保険料率：平成29年9月分〜　適用
・介護保険料率：平成30年3月分〜　適用　　・子ども・子育て拠出金率：平成30年4月分〜　適用

（東京都）　　（単位：円）

標準報酬 等級	標準報酬 月額	報酬月額 円以上	報酬月額 円未満	全国健康保険協会管掌健康保険 介護保険第2号被保険者に該当しない場合 9.90% 全額	折半額	介護保険第2号被保険者に該当する場合 11.47% 全額	折半額	厚生年金保険料（厚生年金基金加入員を除く） 一般・坑内員・船員 18.300%※ 全額	折半額
1	58,000		〜 63,000	5,742.0	2,871.0	6,652.6	3,326.3		
2	68,000	63,000 〜	73,000	6,732.0	3,366.0	7,799.6	3,899.8		
3	78,000	73,000 〜	83,000	7,722.0	3,861.0	8,946.6	4,473.3		
4 (1)	88,000	83,000 〜	93,000	8,712.0	4,356.0	10,093.6	5,046.8	16,104.00	8,052.00
5 (2)	98,000	93,000 〜	101,000	9,702.0	4,851.0	11,240.6	5,620.3	17,934.00	8,967.00
6 (3)	104,000	101,000 〜	107,000	10,296.0	5,148.0	11,928.8	5,964.4	19,032.00	9,516.00
7 (4)	110,000	107,000 〜	114,000	10,890.0	5,445.0	12,617.0	6,308.5	20,130.00	10,065.00
8 (5)	118,000	114,000 〜	122,000	11,682.0	5,841.0	13,534.6	6,767.3	21,594.00	10,797.00
9 (6)	126,000	122,000 〜	130,000	12,474.0	6,237.0	14,452.2	7,226.1	23,058.00	11,529.00
10 (7)	134,000	130,000 〜	138,000	13,266.0	6,633.0	15,369.8	7,684.9	24,522.00	12,261.00
11 (8)	142,000	138,000 〜	146,000	14,058.0	7,029.0	16,287.4	8,143.7	25,986.00	12,993.00
12 (9)	150,000	146,000 〜	155,000	14,850.0	7,425.0	17,205.0	8,602.5	27,450.00	13,725.00
13 (10)	160,000	155,000 〜	165,000	15,840.0	7,920.0	18,352.0	9,176.0	29,280.00	14,640.00
14 (11)	170,000	165,000 〜	175,000	16,830.0	8,415.0	19,499.0	9,749.5	31,110.00	15,555.00
15 (12)	180,000	175,000 〜	185,000	17,820.0	8,910.0	20,646.0	10,323.0	32,940.00	16,470.00
16 (13)	190,000	185,000 〜	195,000	18,810.0	9,405.0	21,793.0	10,896.5	34,770.00	17,385.00
17 (14)	200,000	195,000 〜	210,000	19,800.0	9,900.0	22,940.0	11,470.0	36,600.00	18,300.00
18 (15)	220,000	210,000 〜	230,000	21,780.0	10,890.0	25,234.0	12,617.0	40,260.00	20,130.00
19 (16)	240,000	230,000 〜	250,000	23,760.0	11,880.0	27,528.0	13,764.0	43,920.00	21,960.00
20 (17)	260,000	250,000 〜	270,000	25,740.0	12,870.0	29,822.0	14,911.0	47,580.00	23,790.00
21 (18)	280,000	270,000 〜	290,000	27,720.0	13,860.0	32,116.0	16,058.0	51,240.00	25,620.00
22 (19)	300,000	290,000 〜	310,000	29,700.0	14,850.0	34,410.0	17,205.0	54,900.00	27,450.00
23 (20)	320,000	310,000 〜	330,000	31,680.0	15,840.0	36,704.0	18,352.0	58,560.00	29,280.00
24 (21)	340,000	330,000 〜	350,000	33,660.0	16,830.0	38,998.0	19,499.0	62,220.00	31,110.00
25 (22)	360,000	350,000 〜	370,000	35,640.0	17,820.0	41,292.0	20,646.0	65,880.00	32,940.00
26 (23)	380,000	370,000 〜	395,000	37,620.0	18,810.0	43,586.0	21,793.0	69,540.00	34,770.00
27 (24)	410,000	395,000 〜	425,000	40,590.0	20,295.0	47,027.0	23,513.5	75,030.00	37,515.00
28 (25)	440,000	425,000 〜	455,000	43,560.0	21,780.0	50,468.0	25,234.0	80,520.00	40,260.00
29 (26)	470,000	455,000 〜	485,000	46,530.0	23,265.0	53,909.0	26,954.5	86,010.00	43,005.00
30 (27)	500,000	485,000 〜	515,000	49,500.0	24,750.0	57,350.0	28,675.0	91,500.00	45,750.00
31 (28)	530,000	515,000 〜	545,000	52,470.0	26,235.0	60,791.0	30,395.5	96,990.00	48,495.00
32 (29)	560,000	545,000 〜	575,000	55,440.0	27,720.0	64,232.0	32,116.0	102,480.00	51,240.00
33 (30)	590,000	575,000 〜	605,000	58,410.0	29,205.0	67,673.0	33,836.5	107,970.00	53,985.00
34 (31)	620,000	605,000 〜	635,000	61,380.0	30,690.0	71,114.0	35,557.0	113,460.00	56,730.00
35	650,000	635,000 〜	665,000	64,350.0	32,175.0	74,555.0	37,277.5		
36	680,000	665,000 〜	695,000	67,320.0	33,660.0	77,996.0	38,998.0		
37	710,000	695,000 〜	730,000	70,290.0	35,145.0	81,437.0	40,718.5		
38	750,000	730,000 〜	770,000	74,250.0	37,125.0	86,025.0	43,012.5		
39	790,000	770,000 〜	810,000	78,210.0	39,105.0	90,613.0	45,306.5		
40	830,000	810,000 〜	855,000	82,170.0	41,085.0	95,201.0	47,600.5		
41	880,000	855,000 〜	905,000	87,120.0	43,560.0	100,936.0	50,468.0		
42	930,000	905,000 〜	955,000	92,070.0	46,035.0	106,671.0	53,335.5		
43	980,000	955,000 〜	1,005,000	97,020.0	48,510.0	112,406.0	56,203.0		
44	1,030,000	1,005,000 〜	1,055,000	101,970.0	50,985.0	118,141.0	59,070.5		
45	1,090,000	1,055,000 〜	1,115,000	107,910.0	53,955.0	125,023.0	62,511.5		
46	1,150,000	1,115,000 〜	1,175,000	113,850.0	56,925.0	131,905.0	65,952.5		
47	1,210,000	1,175,000 〜	1,235,000	119,790.0	59,895.0	138,787.0	69,393.5		
48	1,270,000	1,235,000 〜	1,295,000	125,730.0	62,865.0	145,669.0	72,834.5		
49	1,330,000	1,295,000 〜	1,355,000	131,670.0	65,835.0	152,551.0	76,275.5		
50	1,390,000	1,355,000 〜		137,610.0	68,805.0	159,433.0	79,716.5		

※厚生年金基金に加入している方の厚生年金保険料率は、基金ごとに定められている免除保険料率（2.4%〜5.0%）を控除した率となります。

加入する基金ごとに異なりますので、免除保険料率および厚生年金基金の掛金については、加入する厚生年金基金にお問い合わせください。

◆介護保険第2号被保険者は、40歳から64歳までの方であり、健康保険料率（9.90%）に介護保険料率（1.57%）が加わります。
◆等級欄の（　）内の数字は、厚生年金保険の標準報酬月額等級です。
　4（1）等級の「報酬月額」欄は、厚生年金保険の場合「93,000円未満」と読み替えてください。
　34（31）等級の「報酬月額」欄は、厚生年金保険の場合「605,000円以上」と読み替えてください。
◆平成30年度における全国健康保険協会の任意継続被保険者について、標準報酬月額の上限は、280,000円です。

○被保険者負担分（表の折半額の欄）に円未満の端数がある場合
　①事業主が、給与から被保険者負担分を控除する場合、被保険者負担分の端数が50銭以下の場合は切り捨て、50銭を超える場合は切り上げて1円となります。
　②被保険者が、被保険者負担分を事業主へ現金で支払う場合、被保険者負担分の端数が50銭未満の場合は切り捨て、50銭以上の場合は切り上げて1円となります。
　（注）①、②にかかわらず、事業主と被保険者間で特約がある場合には、特約に基づき端数処理をすることができます。

○納入告知書の保険料額
　納入告知書の保険料額は、被保険者個々の保険料額を合算した金額になります。ただし、合算した金額に円未満の端数がある場合は、その端数を切り捨てた額とな

○賞与にかかる保険料額
　賞与に係る保険料額は、賞与から1,000円未満の端数を切り捨てた額（標準賞与額）に、保険料率を乗じた額となります。
　また、標準賞与額の上限は、健康保険は年間573万円（毎年4月1日から翌年3月31日までの累計額。）となり、厚生年金保険と子ども・子育て拠出金の場合は月間150万円となります。

○子ども・子育て拠出金
　事業主の方は、児童手当の支給に要する費用等の一部として、子ども・子育て拠出金を負担いただくことになります。（被保険者の負担はありません。）
　この子ども・子育て拠出金の額は、被保険者個々の厚生年金保険の標準報酬月額および標準賞与額に、拠出金率（0.29%）を乗じて得た額の総額となります。

となります。さらに子ども・子育て拠出金の負担割合が0.29％ですから、役員の標準報酬月額に対する社会保険料の負担割合合計は、介護保険加入者で30.06％となり、介護保険非加入者でも28.49％となります。役員報酬の約30％の金額が社会保険料として徴収されているのです。

　図表5.1をご覧いただくとお分かりいただけると思いますが、健康保険料の負担は、標準報酬月額139万円（報酬月額135万5,000円以上）までは増加しますが、それ以上は増加しません。一方、厚生年金保険料の負担は、標準報酬月額62万円（報酬月額60万5,000円以上63万5,000円）までは増加しますが、それ以上は増加しません。厚生年金保険料を多く支払えば厚生年金給付は増加しますが、協会けんぽの健康保険から受ける便益は、いくら健康保険料を支払っても変わりません。

　そうである以上、標準報酬月額62万円を超える月額役員報酬を設定することに合理性はないということになります。

　月額役員報酬62万円、つまり、年間役員報酬744万円の場合、個人にかかる税額は次のようになります。

役員報酬	744	万円
−）給与所得控除	194.4	
給与所得	549.6	万円
−）社会保険料控除	110.7	（介護保険加入者）
−）扶養控除	38	
−）生命保険料控除	12	

-）基礎控除　　　　　　　　38

課税所得　　　　　　　　350.9 万円

所得税住民税合計　　　　63.1 万円（8.5％）

＝350.9×（20×1.021＋10）％－42.75×1.021

※便宜上、所得税と住民税の所得控除を同額としています。

※住民税の均等割（5,000円）は考慮していません。

　年額役員報酬774万円の場合、役員個人が負担する社会保険料は110万7,000円もあり、所得税住民税合計63万1,000円よりはるかに大きいのです。さらに、法人負担となる社会保険料が113.0万円もあります。社会保険の負担がいかに大きいかお分かりいただけたかと思います。

　役員報酬を決めるときの基準として、個人で支払っていた国民健康保険料と社会保険加入後の健康保険料の負担が同程度となるように役員報酬を設定するという考え方もあります。もちろん、個人で支払っていた国民健康保険料は人それぞれです。例えば、個人で支払っていた国民健康保険料が年間60万円（月額5万円）の介護保険加入者であれば、標準報酬月額44万円（健康保険料負担5万468円）を目安に、介護保険非加入者であれば標準報酬月額50万円（健康保険料負担4万9,500円）を目安として役員報酬を決めるのです。

●常勤役員1人の場合

　常勤役員が1人の場合、社会保険の加入義務者は1人だけです。

年額役員報酬744万円では、社会保険の負担が重い場合には、役員報酬を、社会保険の健康保険料の負担が個人の国民健康保険料の負担と同程度になるまで引き下げて、決定することも検討すべきでしょう。

●常勤役員2人の場合

常勤役員が夫と妻の2人の場合には、2人とも常勤役員として社会保険に加入するべきかどうか検討する必要があります。

妻が非常勤役員となって、夫だけが社会保険に加入し、妻は社会保険の被扶養者になるかという選択もあります。もし、夫婦とも年額役員報酬744万円で社会保険に加入すると社会保険料の負担が大き過ぎるということであれば、社会保険の健康保険料の負担が、夫婦の国民健康保険料の負担と同程度になるまで役員報酬を引き下げて社会保険に加入することも検討すべきでしょう。

これからの常勤役員の役員報酬は、社会保険料の負担を考慮せずに決定することはできません。社会保険の健康保険料は、標準報酬月額だけで決まります。国民健康保険と異なり、社会保険の被扶養者の人数も一切関係ありません。

前述のとおり、年額役員報酬が744万円の場合でも、個人の所得税住民税合計の税負担は8.5％程度にしかなりません。一方、法人税の実質的な負担割合である法人実効税率は、年間所得が400万円以下で21.42％、年間所得が400万円超800万円以下で23.20％、年間所得800万円超で33.80％です。したがって、この場合は法人ででき

るだけ利益を出さないことです。多くとも年間所得800万円以下に抑えることが肝要です。

役員報酬減額改定事由をうまく使う

これまで、役員報酬の決め方について考えてきましたが、これはあくまでも当初の役員報酬の決め方です。役員報酬をとりあえずはこのように決めましょうということです。仮想通貨トレードの収益がそれほど出ず、当初の役員報酬が結果的に過大となった場合、役員報酬を減額する必要が生じるかもしれません。

先ほど述べた「業績悪化改定事由」は、経営状況の著しい悪化など、役員報酬を減額せざるを得ない事情があることをいいます（法人税基本通達9-2-13）。これに当たるかどうかは、法人の経営上、役員報酬を減額せざるを得ない客観的な事情があるかで判定することになります。

法人税基本通達9-2-13には「経営の状況が著しく悪化したことその他これに類する理由」と規定されていることから、経営状況が相当程度悪化しているような場合でなければこれに該当せず、対象となる事例は限定されているのではないかと疑問に思うかもしれません。

しかし、これについて国税庁は「役員給与に関するQ&A」で次のように回答しています。

> 　これについては、法人税基本通達9-2-13のとおり、「経営の状況が著しく悪化したことその他これに類する理由」とは、経営状況が著しく悪化したことなどやむを得ず役員給与を減額せざるを得ない事情があることをいいますので、財務諸表の数値が相当程度悪化したことや倒産の危機に瀕したことだけではなく、経営状況の悪化に伴い、第三者である利害関係者（株主、債権者、取引先等）との関係上、役員給与の額を減額せざるを得ない事情が生じていれば、これも含まれることになります。
> 国税庁「役員給与に関するQ&A」より抜粋
> https://www.nta.go.jp/law/joho-zeikaishaku/hojin/qa.pdf

　したがって、役員報酬の期中減額に関しては、経営状況が著しく悪化したことをもって役員報酬の減額が可能といえます。ただし、事業年度の途中で減額する場合、減額に至った理由、経緯、事情、役員報酬の減額割合などを議事録に記載しておくと大変有効です。

　特に、仮想通貨トレード法人の場合、収益が当初予想と大きく異なり大幅な減益となった場合、改善の余地がなければ、役員報酬減額改定事由に該当する状況となります。

非常勤役員報酬

　会社法では、役員について特に常勤役員や非常勤役員という定めはありません。また、常勤や非常勤という文字は、定款に記載しなければならないといった事項でもなく、一種の社内規定のようなも

のです。しかし、役員報酬の金額を決定するにあたってはひとつの基準とはなります。

　この非常勤役員は、年に何日以上出勤すればいいのか、またはどの程度業務に携わればいいのか、という明確な定義はありません。ある程度の業務の手伝いや経営相談ができる者として、小規模の会社は自分の父や母を非常勤役員としているようなケースが多いようです。

　非常勤役員の報酬はいくらであればよいのかということですが、やはり仮想通貨トレードという特殊な事業での非常勤役員であるという点と、業務への貢献度という点を考慮すれば、月額5万円から10万円の間ぐらいの金額が妥当だと思われます。

　この役員報酬をいくらに決めるかは会社の自由です。ただ、あまりにもその業務内容とかけ離れた金額の役員報酬を支払うと、節税のために過大な給与を支給したものとして、そのうち不相当に高額な部分の金額は損金として認められず、課税されてしまう可能性があります。

　さらに、非常勤役員といえども定時同額給与である必要がありますので、年1回まとめて支給するとか、3カ月ごとに支給するといった支給方法は認められません。

　また、非常勤役員の場合は原則として社会保険加入の義務がないことも大きなメリットです。

ICOをメーンとする法人の役員報酬

　ICOを主な事業とする法人の場合、ICOの案件が上場するまでに長期間を要することが多いため、できるだけ多額の繰越損失を抱えておき、トークン上場後に時期を見てトークンを売却し、その売却益と繰越損失を相殺して、利益を圧縮させることが重要になります。

　繰越損失となる赤字を作る際に重要なのが役員報酬です。常勤役員は社会保険に加入する必要があるため、多額に役員報酬を支払えば赤字幅は大きくなりますが、それに比例して社会保険の負担も増加します。そのため、常勤役員の月額役員報酬は10万円から20万円程度を目途に支給金額を決めるのが妥当であるともいえます。一方、非常勤役員の役員報酬は、社会保険加入義務が原則としてない以上、通常どおりの支給を続けることが得策です。

事前確定届出給与制度の利用

　前述のとおり、事前確定届出給与の届出をした場合には、事前届出内容のとおりの支払をする必要があります。すなわち、事前に届け出た給与金額を事前に届け出た支給日に支払うことが必要です。この要件を満たさない場合は、原則として、その金額が損金不算入となります（法人税法基本通達9-2-14）。しかしながら、例えば500万円を事前確定給与として支払うと届け出て、その500万円を全く支払わなかった場合、そもそも事前確定届出給与の500万円は支給されていませんので、当然損金不算入となりますが、これで特に

問題ありません。

このように、ICOが成功した場合には事前確定届出給与の金額を支給し、成功しなかった場合には事前確定届出給与の金額を全く不支給とすることで、ICO投資の利益をさじ加減することも可能です。

事前確定届出給与制度の全額を不支給とする場合の注意点

事前確定届出給与の全額を不支給とする場合には、以下の2つのポイントに留意する必要があります。

①役員の報酬請求権との関係

法人が事前確定届出給与の支給を意思決定し、事前確定届出書を提出した以上、役員には報酬請求権が生じるため、その内容は法人の意思決定だけでは取り消すことができず、役員の同意が必要です。そのため、支給時期の到来前に報酬請求権を辞退する書面を役員に提出してもらう必要があります。

②源泉所得税との関係

所得税基本通達20-10は、「給与等の支払を受けるべき者がその給与の全部又は一部の受領を辞退した場合には、その支給時期の到来前に辞退の意思表示を明示して辞退した者に限り、課税しないものとする。」と規定しており、源泉所得税がかかるのを免れるためにも、支給時期の到来前に報酬請求権を辞退する書類を役員に提出してもらう必要があります。**図表5.2**にサンプルを掲載しました。

図表 5.2　事前確定届出給与に関する届出書のサンプル

事前確定届出給与に関する届出書

※整理番号	
※連結グループ整理番号	

税務署受付印

	提出法人		
	☑単体法人 □連結親法人	納　税　地	〒 ○○○ー○○○○ 東京都〜 電話（×××）×××ー××××
平成　年　月　日		（フリガナ）	ゴウドウガイシャ○○○○
		法　人　名　等	合同会社○○○○
		法　人　番　号	⓪⓪⓪⓪⓪⓪⓪⓪⓪⓪⓪⓪⓪
		（フリガナ）	○○○○
○○税務署長殿		代表者氏名	○○○○　　㊞
		代表者住所	〒 1 2 3 ー 4 5 6 7 東京都○○区○〜

連結子法人 （届出の対象が連結子法人である場合に限り記載）	（フリガナ）				※税務署処理欄	整理番号	
	法　人　名　等					部　門	
	本店又は主たる 事務所の所在地	〒　　（　　局　　署） 電話（　）　ー				決算期	
	（フリガナ）					業種番号	
	代表者氏名					整理簿	
	代表者住所	〒				回付先	□親署 ⇒ 子署 □子署 ⇒ 調査課

事前確定届出給与について下記のとおり届け出ます。

記

①	事前確定届出給与に係る株主総会等の決議をした日及びその決議をした機関等	（決議をした日）　平成　30 年　8 月　27 日 （決議をした機関等）定時株主総会
②	事前確定届出給与に係る職務の執行を開始する日	平成　30 年　8 月　27 日
③	臨時改定事由の概要及びその臨時改定事由が生じた日	（臨時改定事由の概要） （臨時改定事由が生じた日）　平成　年　月　日
④	事前確定届出給与等の状況	付表（No. 1　〜No. 2　）のとおり。
⑤	事前確定届出給与につき定期同額給与による支給としない理由及び事前確定届出給与の支給時期を付表の支給時期とした理由	
⑥	その他参考となるべき事項	

届出期限	イ	次のうちいずれか早い日　平成 30 年　9 月　26 日 （イ）①又は②に記載した日のうちいずれか早い日から1月を経過する日（平成 30年　9 月　26 日） （ロ）会計期間4月経過日等（平成 30 年　10 月　31 日）	届出期限となる日
	ロ	設立の日以後2月を経過する日　平成　年　月　日	☑イ　□ロ　□ハ
	ハ	臨時改定事由が生じた日から1月を経過する日　平成　年　月　日	

税　理　士　署　名　押　印	○○○○　　㊞

※税務署処理欄	部門	決算期	業種番号	番号	整理簿	備考	通信日付印 年 月 日	確認印

（規格A4）

29.06 改正

181

crypto currency

第6章

法人の税務会計処理

6-1. 会計と税法で仮想通貨の取扱いが異なる

　企業会計基準委員会（ASBJ）は、平成30年３月14日付けで、「資金決済法における仮想通貨の会計処理等に関する当面の取扱い」という文書を公開しました。この中で実務上の取扱いとして、

　①仮想通貨交換業者又は仮想通貨利用者が保有する仮想通貨の会計処理、②仮想通貨交換業者が預託者から預かった仮想通貨の会計処理、③開示、の３点の取扱いを定めています。

①仮想通貨交換業者又は仮想通貨利用者が保有する仮想通貨の会計処理では、「期末における仮想通貨の評価の会計処理」として、

●交換業者及び仮想通貨利用者は、保有する仮想通貨について、活発な市場が存在する場合※には、市場価格に基づく価額をもって当該仮想通貨の貸借対照表価額とし、帳簿価額との差額は当期の損益として処理する。

●活発な市場が存在しない場合、取得原価をもって貸借対照価額とする。期末における処分見込価額（ゼロ又は備忘価額を含む）が取得原価を下回る場合には、当該処分見込価額をもって貸借対照表価額とし、取得原価と当該処分見込価額との差額は当期の損失

として処理する。

●前期以前において、上記に基づいて仮想通貨の取得原価と処分見込価額との差額を損失として処理した場合、当該損失処理額について、当期に戻入れを行わない。

※活発な市場が存在する場合とは、継続的に価格情報が提供される程度に仮想通貨取引所又は仮想通貨販売所において十分な数量及び頻度で取引が行われている場合をいいます。

②**仮想通貨交換業者が預託者から預かった仮想通貨の会計処理**に関しては、本書が仮想通貨利用者を対象としているため、省略します。

③**開示**では、表示方法として、仮想通貨交換業者又は仮想通貨利用者が仮想通貨の売却取引を行う場合、当該仮想通貨の売却取引に係る売却収入から売却原価を控除して算定した純額を損益計算書に表示するとしています。

　企業会計基準では、活発な市場が存在する場合には、期末に時価評価を行うことと決められましたが、税務上の処理では、現状では時価評価にむしろ否定的なのです。

税務では期末時に原則として評価替えをしない

　法人税法では、短期売買商品（法人税法61条）や売買目的有価証券については、期末時点で時価評価し評価損益を認識しますが、時価評価が要求される資産は、法令で限定列挙されており、仮想通貨はこれに当たらないという立場です。したがって、価格の変動等を利用して利益を得るなど、投機目的で仮想通貨を保有している場合であっても、税務上は期末に時価評価をせず含み損益も認識しないことになります。

　しかしながら、法人税法における短期売買商品とは、法人が短期的な価格変動を利用して利益を得る目的で取得した資産をいいますが、仮想通貨がこの短期売買商品に該当する余地があるとの見解が「週刊税務通信№3497号」に掲載されたのです。

　短期売買商品には、①専担者売買商品と②帳簿記載短期売買商品の２つがあります。
　①専担者売買商品とは、「金、銀、白金その他の資産のうち、市場における短期的な価格変動又は市場の価格差を利用して利益を得る目的で行う取引に専ら従事する者が短期売買目的でその取得の取引を行ったもの」であり、代表者自らが専担者として仮想通貨トレードのみを営む法人は、これに該当する余地があると考えられます。
　②帳簿記載短期売買商品とは、「金、銀、白金その他資産のうち、

　その取得の日において短期売買目的で取得したものである旨を
財務省令で定めるところにより帳簿書類に記載したもの」で、
法人が資産を取得するに当たって、その取得の日に法人自らが
資産の取得に関する帳簿書類において、短期売買目的で取得し
た資産の勘定科目をその目的以外の目的で取得した資産の勘定
科目と区分することにより、記載が行われていることが必要で
す。

　例えば、仮想通貨そのものの売買を「短期売買目的仮想通貨」
勘定で処理し、ICOに資金拠出したものを「ICO目的仮想通貨」
勘定で処理すれば、これに該当する余地があると考えられます。

　活発な市場がある仮想通貨を法人が短期的に頻繁かつ大量に売買
しているような場合、期末時に時価評価をしないとすれば、それぞ
れの売却時点で、正確に損益を確定する必要があり、実務的には大
変な作業となります。

　仮想通貨に関しては、2017年に爆発的にその資産性が高まったた
め、その税務会計の基準は決して不変的なものとはいえず、これか
らも変わる可能性はあるでしょう。それでも、法人での仮想通貨ト
レードは行われています。税務の専門家は、顧問先に迷惑がかから
ないよう、個々の顧問先に対して適正な税務会計処理を行う責任が
あるのです。

6-2. 仮想通貨トレードの会計処理

　それでは仮想通貨トレード法人のトレード損益の処理について具体的に説明しましょう。

取引口座入金時の会計処理

　仮想通貨取引所で法人口座の開設が終わると、取引所が指定する銀行口座に仮想通貨の運用資金を入金します。取引所に資金を預けることにより、仮想通貨の売買が可能になります。法人の普通預金口座より500万円送金して、預けたときの会計処理は、以下のような仕訳となります。

　（借方）預け金　5,000,000円　（貸方）普通預金　5,000,000円

仮想通貨購入時の会計処理

　仮想通貨を取引所または仮想通貨交換業者から購入した場合、購入した仮想通貨は支払対価の額をもって、資産として計上します。仮想通貨を購入する際に、手数料等の費用を支払った場合には、支払対価の額に手数料等を加算した金額が仮想通貨の取得価額となり

ます。

　ビットコイン（BTC）を使った取引で、4BTCを200万円で購入し、預け金を取り崩して支払った場合の会計処理の仕訳は、以下のようになります。

（借方）仮想通貨　2,000,000円　（貸方）預け金　2,000,000円

　仮想通貨を購入しただけでは、利益も損失も発生しません。なお、同一の仮想通貨を2回以上にわたって取得した場合の当該仮想通貨の取得価額の算定方法として、移動平均法を用いるのが原則的な方法ですが、継続して適用することを要件に、総平均法を用いることも認められるのは、法人税法においても同様と考えられます。

仮想通貨売却時の会計処理

　保有する仮想通貨を売却した場合、その売却価額と仮想通貨の取得価額との差額が売買損益になります。この場合、「売却価額＞取得価額」であれば利益が、「売却価額＜取得価額」であれば損失が発生することになります。

　200万円で購入した4BTCの一部0.2BTCを11万円で売却した時の仕訳は、以下のようになります。

> （借方）預け金　110,000円　（貸方）仮想通貨売上　110,000円
> （借方）仮想通貨原価　100,000円　（貸方）仮想通貨　100,000円

　0.2BTCの取得価額は、2,000,000円 × 0.2BTC／4BTC = 100,000円となります。したがって、仮想通貨売上110,000円に対して仮想通貨原価は100,000円ですから、売却益は10,000円となります。

仮想通貨での備品購入時の会計処理

　保有する仮想通貨を備品購入の際の決済に利用した場合その使用時点での備品購入価額と仮想通貨の取得価額との差額が利益又は損失となります。

　200万円で購入した4BTCの一部0.3BTCで、155,000円の備品を購入した時の仕訳は以下のとおりになります。

> （借方）備品費　155,000円　（貸方）仮想通貨　150,000円
> 　　　　　　　　　　　　　　　仮想通貨換算益　5,000円

　0.3BTCの取得価額は、2,000,000円 × 0.3BTC／4BTC = 150,000円となります。したがって、備品費155,000円に対して仮想通貨の取得価額は150,000円ですから、仮想通貨換算益は5,000円となります。BTC購入時と使用時のレート差である仮想通貨換算益5,000円は、営業外収益として計上することになります。

仮想通貨交換時の会計処理例

　保有する仮想通貨を他の仮想通貨を購入する際の決済に使用した場合、その使用時点での他の仮想通貨の時価（購入価額）と保有する仮想通貨の取得価額との差額が利益又は損失となります。

　200万円で購入した4BTCの一部1BTCを、時価600,000円のイーサリアム（ETH）の購入代金の決済に使用した時の仕訳は以下のとおりになります。

（借方）仮想通貨ETH　600,000円（貸方）仮想通貨BTC 500,000円
仮想通貨売却益　100,000円

　1BTCの取得価額は、2,000,000円 × 1BTC／4BTC ＝ 500,000円となります。したがって、仮想通貨ETH 600,000円に対して仮想通貨BTCの取得原価は500,000円ですから、仮想通貨売却益は100,000円となります。

マイニングにより取得した仮想通貨の会計処理

　マイニングにより仮想通貨を取得した場合の収益は、マイニングにより取得した仮想通貨の取得時点の時価になります。

　マイニングに成功し、12.5BTCの報酬を獲得しましたが、その時

点の仮想通貨取引所の１BTCの取引価額が50万円の場合、仮想通貨の時価は12.5BTC×50万円＝6,250,000円となります。

　したがって、マイニングにより取得した仮想通貨の仕訳は、以下のとおりです。

（借方）仮想通貨　6,250,000円（貸方）仮想通貨売上　6,250,000円

　また、マイニングに要した人件費、電気代やマイニング設備の減価償却費などの費用は、仮想通貨原価または期間費用として経費計上されます。

ICOに資金拠出した場合の会計処理

　ICOは仮想通貨を使った新しい資金調達手段ですが、現状ではICOに関する税務・会計のルールについては、何ら明らかになっていない状況です。平成30年３月14日付けで公開された「資金決済法における仮想通貨の会計処理等に関する当面の取扱い」という文書においても、ICOについては何ら記載されていません。そのため、現状では公正な会計慣行に準拠して処理する方法しかありません。

　ICO投資を行う場合に発行されるトークンには次の２つのタイプがあります。
　①ICOで取得したトークンが、ICOのプロジェクトから得られる

サービスなどの利用の対価として利用することを予定しているもの

　②ICOで所得したトークンが、将来的に取引所に上場され、大きな値上がり益が期待できるもの

　①を期待したICOもあるでしょうが、その多くは②のタイプであり、それが投資家にICOが人気となっている理由にほかなりません。

　具体的に、ADMというトークンが発行され、10ADM＝4ETHで購入した時のETHの時価が　1ETH＝15万円であった場合の仕訳は、以下のとおりです。

（借方）ICO仮想通貨　600,000円　（貸方）預け金　600,000円

　数年後、ADMが取引所に上場し、それを10ADM＝80ETHで売却した時の ETHの時価が　1ETH＝20万円仕訳は、以下のとおりです。

（借方）預け金　16,000,000円　（貸方）仮想通貨売上　16,000,000円
（借方）仮想通貨原価　600,000円　（貸方）ICO仮想通貨　600,000円

　この時の利益は、16,000,000円－600,000円＝15,400,000円と大きなリターンになります。もちろん、すべてのICOがこのような好結果になるわけではありません。

crypto
currency

第7章

仮想通貨トレード法人で節税しよう

7-1. 節税のポイント

　ここまでにも法人を利用した節税について何度か指摘してきました。本章では、その復習を兼ねながら、節税についての考え方をまとめたうえで、仮想通貨トレード法人に適した方法を具体的に紹介します。

節税の４タイプ

　節税には大きく分けて４つのタイプがあります。

①お金がかからないし、永久に効果がある節税
②お金がかからないが、一過性の効果しかない節税
③お金がかからないが、将来に税金の支払を繰り延べる節税
④お金がかかる節税

①お金がかからないし、永久に効果がある節税
　これが最も有効な節税であることは疑問の余地がないでしょう。ところが、仮想通貨トレード法人の場合、このタイプの節税はあまり使えません。
　まずは、法人の経費になるものは必ず経費に計上しておくことが

基本です。

　よく、食事や買い物をしたとき、お店から領収書をもらわない社長さんがいます。「なぜ、もらわないのですか？」と聞くと「面倒くさいから」といわれます。しかし、支払った事実を確認できる証憑（領収書など）がないと、税務署は経費と認めてくれません。

　けっして面倒がらずに領収書をもらうのが節税の基本です。結果的に経費とならないものでも領収書をもらう習慣を身につけておいてください。正式な領収書である必要はありません。むしろ、レシートでも十分です。

　また、仮想通貨トレード法人で自宅兼本店所在地が賃貸物件の場合、法人で賃貸契約すれば、最大で家賃の8割くらいまで経費で落とせます。

　これが、お金がかからない最大の節税です。なぜなら、個人契約でも家賃として支払う金額は変わらないのに、個人契約の場合、会社の経費として処理できる金額は多くても3割程度にすぎないからです。

②お金がかからないが、一過性の効果しかない節税

　このタイプの節税方法は、いろいろ考えられます。

　ひとつは、月払契約を年払契約に変更する方法です。例えば、3月決算の法人が、期末直前に3月分の家賃から年払契約に変更すれば、来年2月までの家賃（23カ月分）が経費となります。

　ただし、この方法では来年以降は3月に1年分（12カ月）の家賃を支払うことになりますので、翌年以降はまったく節税効果があり

ません。

　この方法は、月払の保険料を年払保険に変えるなど、契約自体を年払に変えることができれば、どのようなものにでも応用できます。

③お金がかからないが、将来に税金の支払を繰り延べる節税

　決算期の変更がその典型的手法です。この方法は翌期以降に課税時期を繰り延べることになります。翌期で節税対策を実施できれば十分効果が見込めます。

④お金がかかる節税

　お金がかかっても、それが自分にとって必要なもの（パソコンなど）の購入であれば、十分意味のある節税です。

　問題は、節税自体が目的であるお金の支出です。

　節税商品としては、保険商品への加入が一般的です。保険商品は高額なものでは年間100万円以上の出費にもなりますが、毎年支払う必要があります。

　いずれにしても、第三者にお金を拠出することになりますので、その間そのお金を自由に使えなくなります。したがって、節税商品の利用には十分な考慮が必要です。

　そのデメリットをよく理解したうえで、可能な範囲で節税商品に加入されることをおすすめします。

　よく、納税額が数百万円から数万円になりましたとか、多額の節税効果を誇張しているサイトをみかけます。それらのすべてが節税商品を使っているにすぎないといっても過言ではありません。

　節税商品を使った節税にも、確かに効果はあります。ただし、過度に節税商品を利用することは、けっしておすすめできません。なぜなら、来期以降も仮想通貨で収益が出る保証など、どこにもないからです。

仮想通貨トレード法人の節税の考え方

　まず「トレード収益は予測がつかない」というのが、大前提となります。いつ儲かるか、いつ損するか、全く読めません。

　一般の事業法人では、年間の売上高が前年を上回ったり、下回ったりしたとしても、それほど大きく変わらないものです。しかし仮想通貨トレード法人の場合、前年の収益は今年の収益に何の意味も持ちません。前年の収益が何千万円あっても、今年の収益は赤字ということも珍しくないのです。

　なかには、毎月安定的に収益を計上し続けている人もいます。しかし、こういう人はむしろ少数派です。

　大多数の人は、毎月の収益が大きく変動しています。たった1カ月で数千万円の利益が出ることもあれば、逆に大きな赤字を出すこともあるのがトレードの世界です。しかし、法人化のメリットのひとつに、生じた損失を10年間も繰り越せる点があります。

　もし今年赤字となっても10年で取り返せばいいのです。単年度思考から脱却して、より長期的視点でトレードを捉えられることが、法人化のもうひとつのメリットといえるでしょう。

可能なかぎり経費で落とす

前にも述べたように、個人の場合、仮想通貨トレードの必要経費は、一般の個人事業者以上に極めて限定的です。ところが、仮想通貨トレード法人は一般法人と同じように扱われます。つまり、一般法人で認められるのと同じ基準で必要経費に該当するかどうかが判断されるのです。

法人化によって必要経費と認められる範囲が広がります。法人の経費で落とせるものは可能なかぎり落としましょう。そうすれば、それだけ法人の税負担が減ります。領収書をこまめにもらい、きちんと保管することが基本です。

また、仮想通貨トレード法人ではそれほどの金額にならないかもしれませんが、決算のときには未払経費も必ず計上しましょう。

未払経費とは、商品の購入やサービスの提供をすでに受け、支払義務が確定している金額のことをいいます。クレジットカードの請求明細書は遅れてきますから、翌月支払い分などはすべて未払経費になります。ほかにも決算日以前の購入で請求書が来ているのに決算日時点で支払いがまだの場合も未払経費です。

法人経費は「0％か100％か」が基本

個人が使うお金は、事業のためにも、プライベートな目的にも使われます。それらが個人の事業所得を計算するときに厳格に区分できれば問題ありません。しかし、どうしても区分できないケースが

出てきます。そのため、所得税では「事業割合」という考え方があり、混同して集計されることが起こる経費については「経費の総額×事業割合」だけを必要経費にするという考え方があります。

　一方、法人はもともと営利活動のみを前提とした存在であるため、法人には「事業割合」という考え方がありません。つまり、法人の経費としては全く認められない（0％）か、全額認められる（100％）か、しかないのが基本です。

　個人的な経費は法人の経費として全く認められません。例えば、次のようなものです。

①役員の住居などでの個人的生活関連費（水道光熱費、固定資産税、住宅の増改築費用、電化製品購入費用など）
②役員の親族、友人などとの私的な交際費、接待費、遊興費
③役員の親族、友人などとの国内および海外の個人的旅行費用
④役員個人の冠婚葬祭費用
⑤役員の母校への寄付金、各種クラブなどの会費

　こうした個人的な経費の法人負担は、中小同族法人では多くみられますが、全く認められません。

常勤役員の人数が節税に大きく影響する

　第5章で詳しく述べたように、仮想通貨トレード法人で節税を考える場合、常勤役員の人数を多くすることが重要なポイントとなっ

てきます。

　夫婦ともに仮想通貨トレードをしている場合は、当然2人とも常勤役員となります。トレードをするのが自分だけでも、配偶者に経理などの仕事を分担してもらえれば、常勤役員にすることができます。

　常勤役員が1人であれば、年間役員報酬は774万円ぐらいが限度です。しかし、常勤役員が2人になれば、年間役員報酬は1,548万円ぐらいが社会保険を考慮した場合の妥当な年間役員報酬の額といえます。

　また、常勤役員の課税所得に対する税率が同じになるように役員報酬を設定することも重要な節税ポイントです。常勤役員の課税所得が同じであれば、所得税の税率は同じになります。しかし、課税所得に多い少ないがあると、税率に差が生じ、役員全体の税負担が多くなってしまいます。

　具体的事例で説明しましょう。例えば夫の課税所得が600万円、配偶者の課税所得が200万円としましょう。夫の税額は138.87万円＝600万円×（20×1.021+10）％−42.75×1.021、配偶者の税額は30.47万円＝200万円×（10×1.021+10）％−9.75×1.021、合わせて169.34万円となります。

　これを夫の課税所得を200万円下げて400万円、配偶者の課税所得を200万円上げて400万円と、変更したとしましょう。夫の税額は78.03円＝400万円×（20×1.021+10）％−42.75×1.021、配偶者の税額も78.03万円＝400万円×（20×1.021+10）％−42.75×1.021、合わせて156.06万円となります。

同族会社の注意点

　非常勤役員には、あまり多額の役員報酬を支払うことはできませんが、非常勤役員に対する役員報酬も必要経費になります。そこで配偶者や両親だけでなく、親戚や子供を役員にすることも考えるかもしれません。

　このように、一定の親族や特殊な関係者の持株割合や社員数がその総数の50％を超える会社を「同族会社」といいます。同族会社は日本の会社の90％以上を占めており、仮想通貨トレード法人の大部分も同族会社に該当するでしょう。

　しかし、同族会社は親族など特殊関係者が役員となって経営を行っている場合が多いため、親族に対する役員報酬は必然的に税務署の調査の対象になりやすいといえます。特に、大学生の息子や娘が通学のかたわら事業を手伝う場合は、ある程度の勤務実績がある場合でも、同種、同程度の非常勤役員に支払う役員報酬を超える金額について、役員報酬として認められない可能性があります。

　また、中学生や留学中の子女に対する役員報酬は、その全額が認められません。

　これに対して、一般社団法人は持分がないため同族会社ではありません。しかしながら、上述した親族や子どもに対する役員報酬の決め方のルールは、同族会社と基本的に変わらないと考えられます。

法人で税金を支払うことも必要

　法人の実質的な税負担である法人実効税率は、年400万円以下で21.42％、年400万円超800万円以下で23.20％になります。ところが、法人の年間所得金額が800万円超であれば、法人実効税率は33.80％と10％超も増加します。

　法人の年間所得が800万円以下であれば、法人で税金を支払うことを考えてよいと思います。

　ただし、法人の年間所得が年800万円超になると、法人の実効税率33.80％になりますから、あまり法人で税金を支払うことは節税の観点から有効ではありません。したがって、法人の年間所得が800万円に近づいてきたら、ある程度の時点で法人口座から個人口座へトレードをシフトしていく必要があるかもしれません。

　ただし、このとき法人口座でのトレードをピタリと止めてしまうのではなく、細々であっても続けるほうが望ましいといえるでしょう。

　一般事業法人では、売上がある日突然なくなることなどあり得ません。なにごとも自然な流れがいいのです。

　筆者は、法人の資本金をあまり多くせず、投資資金が不足したら役員個人からの借入金で手当てするのが有効だと考えています。なぜなら、役員個人からの借入金であれば、法人から返済を受けることで個人口座へ資金を移動できるからです。

　単に法人から資金を引き出した場合、その資金を役員に貸し付け

たことになり、法人は個人から適正利率の利息をもらう必要があります。法人が役員個人から無利息など適正利率の利息をもらわないと、法人が受取利息の計上もれを指摘されるとともに、経済利益として役員個人にも課税されることになるのは、先ほど述べたとおりです。

7-2. 決算期の変更

　5月決算の法人であれば、事業年度は毎年6月1日から翌年5月31日までの1年です。通常は、このサイクルで毎年決算をします。

　しかし、法人の場合、決算期はいつでも好きなように変更できます。例えば、5月決算を2月決算にするなど、法人の任意で決算期を変更できるのです。これを「決算期変更」といいます。

　この場合、その期の事業年度は6月から翌年2月末となります。そして、それ以降は毎年3月1日から翌年2月末までの1年が事業年度となります。ただし、次の期をまた5月決算に戻したり、さらに別の月に変更したりすることも可能です。

　これは個人が暦年（1月から12月まで）に一本化されているのと大きな違いです。これを仮想通貨トレード法人に生かさない手はありません。

突発的な巨利を決算期変更で対策

　トレードの世界では、それまで数カ月にわたってトントンだったのに、ひと月にして1,000万円単位で利益が発生することがあります。例えば、5月に1,000万円単位の利益が出る（出そうだ）と分かった段階で、4月末に決算期を変更し、5月の収益を来期に持ち越す

ことができるのです。

　5月から来年4月まで1年間の猶予が生まれます。その間に法人の節税対策を考えようという、いわば緊急避難的措置です。

　ひと月に1,000万円の収益が年に何回も出ればどうしようもありません。しかし、突発的に大きな収益が出現したときには、有効な手段といえます。

　決算期変更は、税務署と都道府県税事務所や市町村に届けるだけです。事業年度は登記事項ではありません。また、決算変更の届出書は、できるだけ速やかに提出しなければなりません。

　また、事業年度は定款の記載事項ですから、定款変更の決議が必要です。合同会社であれば、決定書（**図表7.1**にサンプルを掲載）と異動届出書（**図表7.2**）を作成し、税務署に提出します。また、都道府県税事務所や市町村にも同様の届出をします。

図表 7.1　決算期変更の決定書の例

決 定 書

定款8条を次のとおり変更した。

第8条　当会社の事業年度は毎年3月1日から翌年2月末日までとする。

　　　　　　平成○○年○○月○○日

　　　　　　　合同会社○○
　　　　　　　　業務執行社員　　○○ ○○

図表 7.2　決算期変更の異動届出書の例

異　動　届　出　書

		※整理番号	
		※連絡カレ一プ管理番号	

平成　年　月　日

○○　税務署長殿

次の事項について異動したので届出ます

提出法人		（フリガナ） 法人等の名称	ゴウドウガイシャ○○○○ 合同会社○○○○
□連結子法人 □連結親法人 □連結親法人となる法人 □連結子法人となる法人 □単体法人		（フリガナ） 本店又は主たる 事務所の所在地	トウキョウト～ 〒○○○-○○○○ 東京都～　電話（×××）×××-××××
		（フリガナ） 納税地	トウキョウト～ 〒○○○-○○○○ 東京都～　電話（×××）×××-××××
		（フリガナ） 代表者氏名	○○○○ ○○○○
		（フリガナ） 代表者住所	トウキョウト○○ク○○～ 〒123-4567 東京都○○区○○～

異動のあった（連結子法人の場合は記載が要）□連結子法人□連結子法人□連結親法人となる法人□異動のあった法人に係る□連結子法人□連結子法人となる法人	（フリガナ） 法人名等		整理番号	
	納税地 （本店又は主たる 事務所所在地）		※税務署処理欄	部　門
				決算期
	（フリガナ） 代表者氏名			進達番号
				整理簿
	代表者住所		回付先	□税署⇒子署 □子署⇒調査課

異動事項等	異　動　前	異　動　後	異動年月日 （登記年月日）
事業年度の変更	6月1日～5月31日	3月1日～2月28日	平成○年○月○日
所轄税務署	○○ 税 務 署	○○ 税 務 署	
事業年度を変更した場合	変更後最初の事業年度：（自）平成○年　3月　1日～（至）平成　○年　2月　28日		
合併、分割の場合	合併　□適格合併　□非適格合併　分割	□分割型分割：□適格□その他 □分社型分割：□適格□その他	
（備　考）			

税 理 士 署 名 押 印	○○○○					㊞
※ 税 務 署 処 理 欄	部門	決算期	進達番号	入力	名簿	

7-3. 役員退職金

　役員退職金にかかる税金を計算する場合、給与から「給与所得控除」が差し引けるように、退職金からも「退職所得控除」を差し引くことができます。

退職所得の計算方法

　退職所得控除の計算方法は次のとおりです。

勤続年数	控除額の計算方法
20年以下	40万円 × 勤続年数
20年超	800万円 + 70万円 × （勤続年数 − 20年）

　例えば、勤続年数が30年であれば、1,500万円（＝800万円＋70万円×10）までの役員退職金には、全く税金がかかりません。

　退職所得は、次の計算式で計算されます。

退職所得 ＝ （退職金 − 退職所得控除額） × 1/2

　つまり、退職金に課税されるのは、退職金から退職所得控除を差

し引いた金額の半分だけです（いわゆる「2分の1課税」）。例えば勤続30年で、役員退職金が3,000万円なら、退職所得は（3,000万円－1,500万円）×1/2＝750万円となります。

　退職所得は、給与所得など総合課税の対象となる所得と分離して所得税率で課税されることになっています。つまり、役員報酬や雑所得などがいくら多くても、退職金にかかる税金は変わらないのです。

　先ほどの勤続年数30年、役員退職金3,000万円の場合、役員退職金にかかる税金は、所得税111万1,869円＋住民税75万円の計186万1,869円にしかなりません。役員退職金3,000万円に対する税金の割合はわずか6.20％です。

　なお、2013年度税制改正で、2014年1月以降支給する役員退職金について、役員としての勤続年数が5年以下の場合、所得控除後の残額に対する2分の1課税が廃止されました。もっとも、仮想通貨トレード法人の場合、勤続年数5年以下で役員を退職し、役員退職金を受け取るケースはまず考えられませんから、実務上はあまり影響ないといえます。

退職金の計算方法

　役員退職金の支給限度額の計算は次のとおりです。

支給限度額 ＝ 役員最終報酬月額 × 役員在職年数 × 功績倍率

役員退職金を増額するには、上の3つの要素のいずれかを増やせば可能となります。

①役員最終報酬月額

役員の最終報酬月額がゼロであるかぎり、原則として役員退職金は支払えません。いいかえれば、最終報酬月額ですから、役員在任期間の最後の期間だけ役員報酬を増やせばいいのです。

もっとも、最後のひと月だけ役員報酬を増額して支払っても税務上は認めてもらえません。最低でも1年以上は、その役員報酬を支払い続けるほうが望ましいでしょう。重要なことは、退職を予定して役員報酬を増額したとみなされないようにすることです。

サラリーマンが仮想通貨トレード法人を設立した場合、本人が役員報酬を受け取ることに問題があるのは、前に述べたとおりです。しかし、定年退職などで勤め先を辞めて、仮想通貨トレード法人の常勤役員となった場合、正々堂々と自分の会社から役員報酬を受け取れます。そうすれば、役員退職金が支払えるのです。

さらに、退職前の最後の1年間以上の役員報酬を2倍にすれば、役員退職金も2倍になります。ただし、退職を予定して役員報酬を増額したとみなされないようにする必要があります。

②役員在職年数

役員在職年数は単純に役員として登記されていた期間です。非常勤か常勤か、あるいは役員報酬を継続してもらっていたか否かも特に関係ありません。

③功績倍率

功績倍率は、役職・貢献度に応じて決定されます。

一般的に、代表社員（代表取締役）など法人の代表者であれば、上限の目安は 3 〜3.5倍です。ただし、あくまでも目安であって、絶対的なものではありません。

非常勤取締役の場合は、通常 1 倍です。

このように、役員最終報酬月額、役員在職年数、役職によって、役員退職金は相当な高額まで支給できます。役員退職金が数千万円というケースはざらにあるのです。

みなし退職による役員退職金支給

役員退職金は、役員を辞任しないと支給できないのが原則です。しかし、次に掲げるような事実があったときには、実質的に退職したと同様の事情があるとして、退職金の支給を認めています。なお「分掌」とは地位または職務の内容のことです。

①常勤役員が非常勤役員になったこと

ただし、常勤していなくても代表権があったり、実質的にその法人の経営上主要な地位にあったりする場合は除かれます。通常は、代表取締役を辞任し、平取締役に降格して、役員退職金を支給するケースが大半です。

②取締役が監査役になったこと

　ただし、監査役でありながら実質的にその法人の経営上主要な地位を占めている場合や、同族会社の取締役の一部は除かれます。

③分掌変更後、役員の給与がおおむね50％以上減少

　ただし、分掌変更後も、その法人の経営上主要な地位を占めていると認められる場合は除かれます。

法人解散による役員退職金支給

　法人が解散すると、通常、役員は清算人に就任し、清算事務を行うことになります。法人を解散するとき、解散前の期間にかかる役員退職金支給は、その後の勤続期間をいっさい加味しないかぎり、役員退職金として打ち切り支給が認められています。

7-4. 自宅を法人の事務所または社宅に

　個人契約の賃貸物件の場合、家賃を支払うのは役員個人です。ただし、法人の事務所として使用しているスペース部分については、法人の経費とすることができます。

　具体的には、事務所として使用している部分と個人の居住部分の割合で按分します。一般的に、支払家賃の３割ぐらいなら会社の経費としても問題ないでしょう。

　しかし、その契約を法人に変更できるなら、多少支払手数料がかかっても、切り替えることをおすすめします。床面積が132㎡（木造以外の場合は99㎡）以下の場合、役員個人の負担額は家賃の２割以下ぐらいになるからです。

賃貸の自宅を法人契約に

　自宅を事務所または社宅として法人契約にすると、家賃を支払うのは法人です。この場合、支払家賃は全額会社の経費になります。ただし、役員個人が家賃の一部を負担しなければなりません。

　賃借物件の「固定資産税課税標準額」が判明していれば、個人の家賃負担額を簡単に計算できます。

　まず、床面積が132㎡（木造以外の場合は99㎡）以下の場合は、

次のとおりです。

その年度の建物の
固定資産税課税標準額　　× 0.2% ＋ 12円 × $\dfrac{建物の床面積}{3.3㎡}$

＋ その年度の敷地の固定資産税課税標準額 × 0.22%

※所得税基本通達36−41

また、床面積が132㎡（木造以外の場合は99㎡）を超える場合は、次のとおりです。

$\left\{\begin{array}{l} その年度の建物の \\ 固定資産税課税標準額 \end{array}\times 12\%（木造家屋以外は10\%）\right.$

$\left.\begin{array}{l} ＋\quad その年度の敷地の \\ \quad 固定資産税課税標準額 \end{array}\times 6\%\right\} ÷ 12$

　ただし、法人が他人から社宅を借りて貸すいわゆる「借上社宅」の場合、この金額と、法人が支払う家賃の50%の金額と、いずれか多い金額が負担額となります。

　また、一般的に社宅と認められないような“豪華社宅”の場合は、内外装の状況など各種要素を総合的にしん酌して、時価（実勢価額）で評価します。豪華社宅かどうかは、床面積が240㎡を超えるもので、内外装の状況などから総合的に判定します。

　なお、家賃の個人負担額を徴収していないときや、個人負担額が

少なく、これよりも不足しているときは、差額相当額が現物給与（役員報酬）として課税されることになります。

法人契約にすると役員の手取り額が増える

　自宅を事務所または社宅として法人契約にすると、役員報酬が実質増加するメリットがあります。

　例えば、家賃10万円の賃貸物件を法人契約にして、役員の個人負担は3万円であるとしましょう。

　法人は家賃として10万円を支払いますが、役員から3万円の負担がありますから、差引7万円の経費増となります。それを埋め合わせるために役員報酬を7万円減らしたとしても、法人の利益は全く変わりません。

　一方、役員個人は役員報酬が7万円減額となり、さらに家賃の個人負担が3万円増えますが、そもそも個人で支払っている家賃10万円がなくなるので、役員個人のキャッシュフローも全く変わりません。しかも、役員報酬が7万円減額されたことにより、役員報酬にかかる所得税・住民税が減額になるのです。

　もし、現在の賃貸物件が個人契約から法人契約に切り替えられない場合、仲介手数料などの費用がかかっても、法人契約が可能な別の賃貸物件に転居することも十分検討に値します。それほど、法人契約の節税メリットは大きいといえます。

　ただし、かつては賃貸物件であっても賃貸契約書や本人確認の書類があれば、固定資産の評価証明書を取得できましたが、最近は多

くの自治体で固定資産の評価証明書を不動産の所有者本人以外が直接入手するのが難しいようです。固定資産の評価証明書をみるには、家主の協力が必要な場合も出てきました。

持ち家が事務所の場合

　持ち家の自宅の一室をディーリングルームなど事務所として使用している場合、法人は役員に合理的な金額の家賃を支払い、それを経費として計上できます。

　一方、家賃を受け取った役員にとっては、法人の支払った家賃が不動産収入となります。したがって、不動産所得を確定申告しなければなりません。

　この場合の不動産所得は次の式で計算します。

不動産所得 ＝ 不動産収入 －（必要経費 × 事務所使用面積割合）

不動産所得の必要経費には、次のようなものが認められます。

①建物の減価償却費

②固定資産税

③火災保険料

④修繕費

⑤管理費

⑥住宅ローンの金利

もちろん、法人が役員に家賃を支払わなくても問題ありません。しかし、役員個人の不動産所得が発生しない程度で法人が家賃を支払うことにすれば、法人の経費となりますし、役員には税負担はないことになります。

法人が持ち家を購入する

　自宅兼事務所が役員個人の持ち家である場合、法人で役員の持ち家を買い取り、法人社宅として賃貸することもできます。そうすると、役員が個人の生活費から支払っていた持ち家の固定資産税、火災保険料、修繕費、管理費、住宅ローンの金利などが、すべて法人の経費に代わります。

　法人の経費になれば、それだけ法人の利益は減りますから、それだけ税金の負担が軽減されます。同じ家に住むのでも、法人の所有として住んだほうが節税になるわけです。

　ただし、この場合には、役員個人から社宅家賃をもらう必要があります。役員個人の負担額の計算式については、先ほど説明したとおりです。

7-5. 中小企業倒産防止共済は経費

中小企業倒産防止共済（経営セーフティ共済）とは、中小企業を対象にした共済制度です。そもそもの機能は、取引先の倒産で売掛金が回収不能となったときなどに、連鎖倒産や経営難を防止するために借り入れを受けられるようにすることにあります。

仮想通貨トレード法人の場合は、仮想通貨交換業者への預託金が該当します。しかし、業者の倒産は通常あり得ないでしょうから、貸付制度の適用はまずないでしょう。

この共済が仮想通貨トレード法人にとって効果的なのは、毎月の掛金を法人の経費として800万円まで積み立てることができ、解約した場合でも納付月数が40カ月以上あれば、掛金全額が戻ってくるところです。

加入のポイント

加入できるのは、引き続き1年以上事業を行っており、**図表7.3**の条件に該当する法人です。ただし、この条件に該当する場合でも、事業にかかわる経理内容が不明である場合や、納付すべき所得税や法人税を滞納している場合などは加入できません。

なお、法人の赤字・黒字は審査に全く関係ありません。

図表 7.3　中小企業倒産防止共済に加入できる会社

業種	資本金等の額	従業員数
製造業、建設業、そのほかの業種	3億円以下	300人以下
卸売業	1億円以下	100人以下
小売業	5000万円以下	50人以下
サービス業	5000万円以下	100人以下
ソフトウェア業、情報処理サービス業	3億円以下	300人以下

中小企業基盤整備機構「加入資格」より抜粋
`http://www.smrj.go.jp/kyosai/tkyosai/entry/`
`eligibility/index.html`

　加入には、まず必要事項を記入した契約申込書を委託団体（商工会、商工会議所、中小企業の組合など）または金融機関（銀行、信用金庫など）の窓口に提出します。どこで申し込もうと全く差異はありません。

　同時に申込金として掛金1カ月分を支払います。また、次に挙げる書類の提出を求められる場合があります。

①登記事項証明書（交付後3カ月以内の原本）
②法人税の確定申告書
③法人税を納付したことを証する書類

　毎月の掛金は2018年7月末現在、5,000円から20万円の範囲内で、5,000円単位となっています。また、積立限度額は、最大800万円です。

　掛金の増額も減額もできます。また、半年分や１年分の掛金を前納することができ、その掛金と払い込み月数に応じて割引を受けられます。そう大きな割引ではないものの、資金に余裕がある場合には、節税のためにも検討してみるのもいいかもしれません。なぜなら、１年以内の前納掛金も払い込んだ期の法人の費用として損金参入できるからです。

解約のポイント

　積立金が限度額の800万円に達する前に中途解約した場合、納付月数が12カ月未満だと掛金は全額戻りません。しかし、納付月数が40カ月以上あれば、全額が「解約手当金」として戻ります。その間の解約手当金として戻る割合は**図表7.4**のとおりです。

図表 7.4　納付月数と掛金の戻る割合

掛金納付月数	掛金が戻る割合
１〜11カ月	0%
12〜23カ月	80%
24〜29カ月	85%
30〜35カ月	90%
36〜39カ月	95%
40カ月以上	100%

中小企業基盤整備機構「解約手付金について」より抜粋
http://www.smrj.go.jp/kyosai/tkyosai/about/loan/
index.html#rates

戻ってきた解約手当金は、法人の収益となります。しかし、役員退職金の支払いが発生するときに解約すれば、相殺ができます。もちろん、トレードで大幅な赤字が出たときのリスクヘッジにも使えます。

7-6. 小規模企業共済で所得控除

　小規模企業共済とは、小規模の個人事業主や法人役員を対象に、退職後の生活資金などを積み立てておく共済制度です。

　毎月の掛金は月々7万円が限度となります。しかし、その全額が所得控除の対象となるのです。

　小規模企業共済の掛金を確定申告または年末調整によって給与所得から所得控除することで、**図表7.5**のような節税が図れます。

図表 7.5　節税の効果				
課税される所得金額	掛金月額ごとの節税額			
	月1万円	月3万円	月5万円	月7万円
200万円	20,700円	56,900円	93,200円	129,400円
400万円	36,500円	109,500円	182,500円	241,300円
600万円	36,500円	109,500円	182,500円	255,600円
800万円	40,100円	120,500円	200,900円	281,200円
1,000万円	52,400円	157,300円	262,200円	367,000円

中小企業基盤整備機構「掛金の全額所得控除による節税額一覧表」より抜粋
`http://www.smrj.go.jp/kyosai/tkyosai/about/loan/index.html#rates`

また、加入してから6カ月以上経過するなど一定の要件を満たせば貸付を受けることもできます。

加入のポイント

　小規模企業共済の加入条件として次のようなものがあります。

①常時使用する従業員の数が20人以下の建設業、製造業、運輸業、不動産業、農業等の個人事業主または会社の役員

②常時使用する従業員の数が5人以下の卸売業、小売業、サービス業の個人事業主または会社の役員

中小企業基盤整備機構「加入資格」より抜粋
```
http://www.smrj.go.jp/kyosai/skyosai/entry/
eligibility/index.html
```

　加入には、まず必要事項を記載した書類などを委託団体または金融機関の窓口に提出します。そのとき、次のものが必要です。

①契約申込書
②預金口座振替申出書
③法人の登記事項証明書など

　掛金の増減は可能です。また、掛金の納付方法は、月払い、半年払い、年払いから選択できます。掛金は前納も可能です。前納することで、一定割合の前納減額金を受け取ることができます。

解約のポイント

　小規模企業共済を解約した場合は、その解約事由によって返金を受けられる金額（共済金）の種類が異なります。

種類	事由
共済金Ａ	法人が解散した場合
共済金Ｂ	病気や怪我または65歳以上で役員を退任した場合、または役員が死亡した場合
準共済金	法人の解散や病気、怪我以外の理由により、または65歳未満で役員を退任した場合
解約手当金	任意解約または掛金を12カ月以上滞納した場合

　例えば、掛金が月額1万円の場合、共済金の種類によって**図表7.6**のような金額になります。なお、付加共済金（毎年度の共済の運用収入などに応じて、経済産業大臣が定める率で算定される共済金）がある場合は、その金額が加算されます。

　法人が解散した場合の共済金Ａは、5年程度の納付月数であっても掛金以上の返金があります。しかし、任意解約や掛金滞納の場合の解約手当金は、掛金残高に支給割合（80～120％）を乗じた金額しか戻りません。
　この場合の支給割合は、支払月数が12カ月以上84カ月未満のときに80％で、そこから納付月数に応じて支給割合も高くなります。しかし、100％以上になるのは240カ月以上も支払ってからです。

図表7.6 月額1万円の場合の共済金

掛金納付月数	掛金残高	共済金A	共済金B	準共済金
5年	600,000円	621,400円	614,600円	600,000円
10年	1,200,000円	1,290,600円	1,260,800円	1,200,000円
15年	1,800,000円	2,011,000円	1,940,400円	1,800,000円
20年	2,400,000円	2,786,400円	2,658,800円	2,419,500円

中小企業基盤整備機構「共済金（解約手当金）について」より抜粋
http://www.smrj.go.jp/kyosai/skyosai/about/proceed/
index.html

したがって、月々の掛金の支払いでも十分な節税効果が期待できますが、解約のときに十分な返金を受けるためにも、任意解約はできるだけ避けましょう。

7-7. 少額減価償却資産の特例

　棚卸資産や土地などの資産以外の資産で、高額でしかも長期間使用できる資産は、購入時に全額を費用とすることができません。このような資産を「減価償却資産」と呼びます。

　一般的に減価償却資産に該当するのが、パソコン、エアコン、自動車、応接セットなどです。複数年に分割して「減価償却費」として費用処理します。

30万円未満の減価償却資産は経費処理

　ただし、いかなる法人でも、取得価額が10万円未満または使用可能期間が1年未満である減価償却資産については、購入使用した事業年度に全額経費として経理処理できます。

　また、青色申告書を提出していることに加えて、資本金が1億円以下である法人については、取得価額が10万円以上30万円未満の減価償却資産（少額減価償却資産）についても、購入使用した事業年度に全額経費として経理処理できます。

　もちろん、新品でも中古でもかまいません。ただし、この規定が適用されるのは、その事業年度の少額減価償却資産の取得価額の合計額のうち年間300万円までです。

仮想通貨トレード法人の場合、30万円未満の減価償却資産の合計額が年間300万円を超えることはあり得ないでしょう。したがって「30万円未満の減価償却資産は全額経費にできる」という認識で問題ありません。

単体で購入できるものは単体で

　少額減価償却資産の規定は、取得価額が30万円未満の減価償却資産に適用されます。そのため、ひとつのセットとして30万円以上の減価償却資産は対象になりません。

　しかし、パソコン一式や机と椅子のように、それらが単体で売っており、単体で機能を有する場合は、その取得価額が30万円未満であれば少額減価償却資産として全額費用処理できます。そのような資産については、できるだけ時期をずらして、分けて購入することをおすすめします。

マイニングに係る設備

　仮想通貨のマイニングをするには、パソコンやグラフィックボードを大量に購入する必要があります。マイニングには、パソコン1台とグラフィックボード数枚で構成されるマイニング設備（1ユニット）を多数組み合わたものを一体稼働させてマイニング作業を行います。パソコン1台とグラフィックボード数枚で構成される設備（1ユニット）は単独で稼働するため、1ユニットの取得価額が

10万円未満であれば全て購入使用した年度に全額経費として経理処理できます。

　これに対して、購入した1ユニットの取得価額が10万円以上30万円未満であれば、少額減価償却資産として費用処理できます。ただし、その事業年度の10万円以上30万円未満の減価償却資産の購入価額の合計額が、マイニング設備以外の少額減価償却資産も含めて年間300万円までしか全額経費処理できませんので、注意が必要です。

7-8. 自動車を購入

自動車も減価償却資産です。普通自動車の新車は6年、軽自動車の新車は4年で、それぞれ減価償却することになります。

費用処理

自動車購入費用のうち、減価償却しなくてもいいものは、区分して購入時に費用処理することが重要です。自動車の購入価格のうち、次のものは費用処理できます。

①自動車重量税　　　　④自動車税
②自動車取得税　　　　⑤検査登録費用
③自動車損害賠償責任保険　⑥車庫証明費用
　（自賠責）保険料

また、カーナビやカーオーディオなどの付属品はあとで購入しましょう。付属品は、購入時に装着してあれば自動車価格に含まれるので減価償却の対象となってしまいます。しかし、購入後に別途装着して、30万円未満の少額償却資産に該当すれば、費用処理できるのです。

中古資産はお得

　税務上、中古資産の購入は節税になります。俗に「4年落ちのベンツの法則」といわれているものです。

　新車の普通自動車は、耐用年数6年で減価償却します。つまり、6年にわたって自動車の購入代金を分割して費用処理しなければなりません。

　ところが、4年落ちの中古車となると、耐用年数は2年になります。なぜなら法定耐用年数の一部が経過している中古資産の耐用年数は、次の式で計算されるからです。

（法定耐用年数 － 経過年数）＋ 経過年数 × 0.2

　ただし、計算した年数に1年未満の端数があるときは切り捨て、2年に満たないときは2年とします。

　法人の償却法は、耐用年数に応じて一定の償却率で1年間の減価償却費を計上する定率法です。この定率法で耐用年数2年のものの償却費を計算すると、事業年度が開始する月に購入すれば、全額その年に減価償却できるのです。

　4年落ちの高級車を買うとなれば結構な値段になります。車種によっては200万円以上です。中古資産の減価償却費を大きく取れることは、覚えておいて損はありません。

7-9. 法人で生命保険に加入

　いざというときの備えとして、生命保険に加入されている人は多いと思います。しかし、残念ながら、個人で加入する生命保険の掛金は経費となりません。

　個人が受けられるのは、生命保険料控除だけです。2011年までに加入した一般生命保険料で最高5万円、個人年金保険料で最高5万円、合わせて最高10万円が所得税から控除されます。また2012年以降に加入した一般生命保険料で最高4万円、個人年金保険料で最高4万円、そして介護医療保険料で最高4万円、合わせて最高12万円が所得税から控除されるだけです。節税メリットはほとんどありません。

　法人の場合、法人が加入する役員の生命保険は、契約者と保険金受取人を両方とも法人として生命保険に加入すれば、掛け捨ての生命保険（定期保険）の保険料は、全額が法人の経費となります。

　生命保険加入の主たる目的は死亡保障です。もし、法人が死亡保険金を受け取ったら、役員の遺族には1円も行かないかというとそんなことはありません。法人が受け取った死亡保険金を「死亡退職金」として遺族に支給できます。

　受け取った保険金は法人の収益となりますが、支払った死亡退職金は法人の経費となります。つまり、受け取った保険金全額を死亡

保険金として支払うことができれば、法人には利益が全く残りませんから、法人税を支払う必要がないのです。

役員退職金の準備に生命保険を利用

　役員退職金を支払うためには、会社にそれなりのお金がないと払えません。生命保険を活用して、役員退職金の資金を準備する方法があります。

　法人で契約する生命保険は、死亡に備えるためだけが目的ではありません。役員が退職する時期に合わせて生命保険の満期がくるように、しかも解約返戻金が最大に達するように保険の設計をしておけば、役員退職金の原資にあてるという目的にも合致します。

　つまり、法人で全額経費となる生命保険に加入して節税をしながら、役員の退職時期に生命保険の解約返戻金が最大（80％以上）になるように設計できればベストというわけです。

　しかし、最近はその手の生命保険がほとんどなくなりました。もともと全額経費として処理できた逓増定期保険も解約時期によっては解約返戻金があまりにも多すぎるとして、原則として支払った保険料の２分の１が経費として認められるのみで、残りの２分の１は資産計上が義務づけられています。

　また保険加入にはリスクもあります。そのひとつとして、節税タイプの生命保険に支払う年間の保険料が、非常に高額なことです。一般的に、役員１人で年間100万円以上になることもあります。

　もし、トレードで安定的に収益を出すことができれば何も問題あ

りませんが、その自信がなければ安易に高額な掛金の保険に加入しないことです。途中で保険料が支払えなくなって解約ということになってしまっては本末転倒です。

ガン保険の利用

ガン保険は「ガンと診断された場合に給付される診断一時金」「ガンによる入院給付金」「手術費用などに対する手術給付金」を受け取れる保険です。

ガン保険は生命保険とは異なり、ガンで死亡しても多額の死亡保険金が支払われるわけではありません。そのため、いざというときの死亡保障にはなりません。したがって、ガン保険に加入する目的は、節税と役員退職金の準備ということになります。

ガン保険のメリットは、支払った保険料を全額費用処理できることです。年間保険料も50万円程度から加入できます。しかも、保険期間が終身であるという点も有利です。役員に在任していればその間はいつまでも加入できます。長く加入すれば支払う保険料もそれだけ多くなり、解約時の解約返戻金も多くなります。

ところが、ガン保険も2012年4月以降、保険料の2分の1を資産計上しなければならなくなりました。

生活障害保障型定期保険は全額損金算入できる

ガン保険が全額損金算入から半額損金算入へと税制が変更になっ

たため、事実上「節税商品」として有効な保険はないということになりました。

しかし、保険会社も商売ですから、また新しい保険を発売しました。一部の保険会社しか取り扱っていませんが、「生活障害保障型定期保険」という生命保険です。生活障害保障型というだけあって、死亡した場合だけでなく、重度の障害者になった場合にも保険金は支給されます。

保険そのものの機能としては「生活障害保障型定期保険」のほうがガン保険よりも優れていることは明らかでしょう。

節税保険ですから、あまり保険金をもらうことを意識して保険に加入することはないかもしれません。

解約返戻率は加入者の年齢にもよるものの、解約返戻率が8割を超えるケースもあります。節税効果を加味すると、この保険に加入するメリットはあるといえます。

また、仮想通貨トレード法人の場合、不慮の損失を被るリスクもあります。そのためのリスクヘッジと捉えれば、別の観点からも保険加入のメリットはあるといえるかもしれません。

安易に解約しない

一般事業会社では、決算対策として生命保険を利用することがよくあります。仮想通貨トレード法人でも決算対策や役員退職金の準備として過度にならない範囲で生命保険を活用されるといいでしょ

う。ただし、そのとき注意してほしいことが2点あります。

　ひとつは、ネットの比較サイトを利用するなどして、いろいろな生命保険会社の保険商品をよく比較検討することです。生命保険会社によって保険商品の内容はかなり異なります。

　自分の法人や自分自身の状況によっても、加入すべき生命保険が違ってくるはずです。単に友人に知り合いの生命保険マンがいるからといった理由で、比較検討せずに、その生命保険マンのすすめる生命保険に入るといったことはおすすめしません。

　もうひとつは、さらに重要なことで、将来業績が悪くなり生命保険料が支払えなくなったときの対応です。けっして"安易に"解約しないでください。

　確かに解約すれば、生命保険料を支払う必要もありませんし、解約返戻金が戻ってきて資金繰りは楽になります。しかし、それと同時に今までの生命保険の保障もなくなってしまうのです。

　今後の保険料を低くする「減額」という制度もあります。あるいは「払い済み」にすれば今後の生命保険料の支払いはいらなくなります。減額でも払い済みでも、保障金額は減りますが、一定の保障は確保されるのです。また生命保険によっては、一定割合まで借り入れができるものもあります。

7-10. 短期前払費用の特例

　法人の費用（経費）は本来、当期の間に対応した部分の金額を費用として計上するものです。翌期の費用（経費）まで前払いで支払っている場合、当期に属さない費用であるため「前払費用」として資産に計上するのが原則です。

　しかし、経理処理の簡便性などを考慮して1年以内の前払費用については、その全額を経費として損金経理することができるという特例が認められています。

適用できる要件

　短期前払費用の特例を適用できる要件は次のとおりです。

①役務の対価であること
②一定の契約により継続的に役務提供を受けること
③翌期以降に費用化されるものであること

　ただし、これらの要件に該当しても実際に支払っていなければ、適用されません。なお「継続的に」の年数は税法には明記されていませんが、一般的には3〜5年といわれています。したがって、最

低でもこの程度の期間は続ける必要があります。

　具体的な短期前払費用に、保険料、地代家賃、リース料などがあります。現在の保険料で月払いのものがある場合には、月払い契約から年払い契約に変更することで前払費用として計上できるため、早期の費用計上によって節税を図ることができます。

デメリットもある

　短期前払費用の特例には、法人の業績が好調なときに翌期の経費を支払うことで節税になるというメリットがあります。また、将来業績が悪くなったときに契約をもとに戻せば、その期の経費はすでに前期に支払い済みのため、経費が発生しなくなるのです。

　ただし、デメリットもあります。確かに最初の事業年度は2年分を支払って節税になるものの、そのあとは毎期1年分が経費になるだけです。契約をもとに戻して初めてその事業年度は経費を支払わずに済むことになります。

　契約をもとに戻すのは、相手の了解があって初めて可能です。あまり拒否されることはないでしょうが、この点は慎重に判断してください。

　もちろん「継続的に」である3〜5年続ける必要があります。これもデメリットです。

7-11. 交際費と会議費

　交際費とは、法人が得意先や仕入先など事業に関係する人に対する接待、供応、慰安、贈答などのために支出するものをいいます（租税特別措置法61条の4）。具体的には、飲食店での接待飲食や、お中元やお歳暮、物品の贈答などです。事業を遂行するうえで必要不可欠な経費のひとつといえます。

　個人の場合、「仮想通貨取引に係る雑所得」の必要経費に交際費は認められません。これが仮想通貨トレード法人であれば認められるのです。

　ただし、乱費を防止するために、交際費には一定の制限があります。その費用のうち一部または全部が損金不算入（法人税の計算上経費とならない）です。

　交際費の損金不算入額は次のとおりです。

①交際費の金額が年800万円以下の場合　→　なし（全額損金算入）

②交際費の金額が年800万円超の場合　→　交際費の金額−800万円

③資本金が1億円超または一定の法人　→

　接待飲食費の金額の50％を超える部分の金額

　仮想通貨トレード法人で資本金1億円超の法人は、まずあり得ま

せん。また、年間交際費の金額が800万円以上ということも通常考えられません。したがって、交際費はその全額が損金算入できると理解しておけば間違いありません。

交際費から除かれる費用

交際費の全額が損金に算入されるとはいえ、交際費として処理しなくてよい経費を安易に交際費としないことは重要です。

交際費から除かれる費用に次のようなものがあります。

内容	処理項目
①従業員（過去の従業員を含む）やその親族に対する結婚祝い、出産祝い、香典、見舞いその他従業員の福利厚生のために通常要する費用	福利厚生費として処理
②社外の者との飲食代で、その支払金額を参加者の数で割った金額が1人5,000円以下であるもの	会議費として処理
③取材や会議のために通常要する費用	それぞれ取材費、会議費として処理

「会議費」とは、会議に関連して、茶菓や弁当といった飲食物を供与するために通常要する費用をいいます（措置法施行令第37条の5第2項第2号）。社内の会議だけではなく、来客や得意先を交えた商談や打ち合わせなども含まれます。

交際費には得意先などとの飲食費も含まれますが、社内または通

常会議を行う場所で通常供与される昼食の程度を超えない飲食物などの接待に要する費用は、会議費にすることができます。

会議費にできる飲食費

　交際費と会議費を区分する基準となるのが、支出する金額を飲食などに参加した人の数で割った額です。計算した費用が1人5,000円以下であるものが会議費となり、それを超えるものは交際費となります。

　ただし、その証明資料として、次のことを記載した書類を保存しておかなければなりません。

①飲食等の年月日
②飲食等に参加した得意先や事業関係者等の氏名や名称、その関係
③飲食等に参加した人の数
④その費用の金額と飲食店等の名称と所在地
⑤そのほかの事項

　しかし、この書類を改めて作成する必要はありません。領収書があれば普通は日付や金額、店名などが記載されています。その領収書に参加者の数や分かる範囲で氏名や名称をメモしておくとよいでしょう。

　カード払いの場合も同様に月々送られてくる明細書にそれらをメモしておきます。もちろん、会計帳簿の「摘要」欄に、これらの必

要事項を記入してもかまいません。

　1人当たりの飲食費の金額は、原則として支払った相手先ごとに判定します。したがって、同じ日であっても、店が異なれば、それぞれで1人当たりの計算をすることになります。

　なお、飲食接待後、接待相手に支払ったタクシー代は飲食費ではありません。交際費として処理する必要があります。

　また、得意先などとの接待ゴルフや接待旅行の最中の飲食費は、1人5,000円以下であっても会議費とはなりません。すべて交際費に該当します。

7-12. 海外視察（研修）費用

　海外視察（研修）旅行は、会社の業務を遂行するために直接必要な旅行であることが必要です。業務遂行に必要かどうかは、旅行の目的、旅行先、旅行経路、旅行期間などを総合的に勘案して実質的に判定されます。

業務遂行に必要とは

　業務遂行に必要なものであり、またその渡航のために通常必要であると認められる部分の金額に限り、旅費として法人の経費として認められることになります。したがって、通常必要と認められる金額を超える部分の金額については、原則として、その役員に対する賞与とされます。

　業務遂行に必要と認められる海外渡航として、次のようなものがあります。

①取引先との商談、契約の締結など
②事業に関連した視察、見学または訪問
③事業に関連した会議、説明会、セミナーなどへの参加または見学
④市場等の調査研究

一方、次のような場合は観光目的となり、原則として法人の経費になりません。

①観光渡航の許可を受けて行う旅行（ただし相手国によっては観光目的以外の入国が認められないことがあります。この場合は観光ビザであっても当然経費として認められます）

②旅行業者等が行う団体旅行に応募してする旅行

③観光に付随して行った簡易な見学、儀礼的な訪問

④同業者団体などこれに準ずる団体が主催として行う団体旅行で、主として観光目的と認められるもの

　それでは、業務と観光を兼ねて出張したときの取り扱いはどうしたらよいでしょうか。

　多額なものでなく、また土日をはさんでの出張などで、大部分が業務上のものであるという場合は、観光施設への入場料などを除いて全額を経費としても問題はないでしょう。

　業務と観光を兼ねて出張に行った場合、その区分基準は次のとおりです。

①交通費、宿泊費などは、旅行内容の比率で区分する。個人分とされる金額は個人から返還させるか、役員賞与扱いとする

②渡航目的が明らかに業務上のものであれば、たまたまそこに観光があっても往復の航空運賃・宿泊費などは経費になる。この場合、観光分の支出のみを賞与扱いもしくは返還させればよい

③逆に観光が主で、たまに仕事が入るような場合は、上記①②の逆の処理になる。程度によっては全く経費と認められない場合もある

④同伴者の費用は、特別な場合を除き、本人の賞与もしくは返還を求めるべき金額となる

　海外出張の場合、業務上必要か、観光を兼ねていないかなどが問題となります。海外出張の概要をまとめた海外出張報告書を必ず作成しなければなりません。

7-13. 青色欠損金の繰越控除と繰戻還付

　「青色欠損金」とは、青色申告の承認を受ける法人に生じた「欠損金額」をいいます。また欠損金額とは、各事業年度の所得金額を計算したとき、その事業年度の損金の額が、同じ事業年度の益金の額を超える場合、その超える部分の金額をいいます。

　つまり、簡単にいうと、その事業年度の法人税法上の赤字ということです。

青色欠損金の繰越控除

　青色欠損金の繰越控除とは、事業年度で生じた欠損金額を10年間繰り越せる制度です。原則的に法人税は、事業年度ごとに課税するものとされています。しかし、資本維持や担税力の確保の観点から事業年度間の通算が認められているのです。

　個人の「仮想通貨取引に係る雑所得」による損失の繰り越しはできませんので、法人化のメリットのひとつといえます。

　青色欠損金はその後10年間、その期間中に生じた所得金額と相殺します。相殺してもまだ青色欠損金が残っていれば、その金額をその翌事業年度以降、最長10年間、繰り越すことができます。

　もちろん、その繰り越し期間中にさらに欠損金額が生じれば、生

図表 7.7　青色欠損金の繰越控除の計算例

	第1期	第2期	第3期	第4期	第5期	〜
差引計	△100	△100	300	△500	400	
欠損金額	△100	△100	0	△500	0	
所得金額	△100	△100	300△200 =100	△500	400△400 =0	
繰越欠損金額	△100	△200	0	△500	△100 第6期へ	

※1. 差引計とは、欠損金を考慮する前のその事業年度の利益または損失を
いいます。
※2. 所得金額とは法人税率を乗じる前の金額をいいます。

じたあとの10年間にわたって繰り越すことができます（**図表7.7**）。

繰越控除の適用を受けるためには

　青色欠損金の繰越控除の適用を受けるためには、まず青色申告の
承認を受け、欠損金額の生じた事業年度に青色申告で確定申告書を
提出し、またその後も確定申告書を提出し続けていることが要件と
なります。

　しかし、2期連続で期限後申告を行ったり、税務署長の指示に従
わなかったりして、青色申告の承認が取り消されると、この繰越控
除も適用できなくなります。申告期限や税務手続きは守るようにし

なければなりません。

　なお、期限後申告であっても申告をすれば、その申告にかかる青色欠損金は繰り越すことができます。

青色欠損金の繰戻還付

　当期に欠損金が生じ、かつ前期に利益が出ており、法人税を納付している場合、当期の欠損金と前期の利益を相殺して、納付した税金の一部や全部の還付（返金）を受けることができます。この制度を「欠損金の繰戻還付」といいます。

　なお、還付を受けることができる金額は、次の式で計算します。

前期の法人税額 × $\dfrac{\text{※当期の欠損金額}}{\text{前期の所得金額}}$

※ただし、前期の所得金額が限度となります。

　例えば、前期の課税所得が1,000万円、前期の法人税額が166.8万円、当期の欠損金額が200万円だった場合、166.8万円×200万円÷1,000万円＝33.36万円が還付金となります。

繰戻還付の適用を受けるためには

　欠損金の繰戻還付は、事業年度が１年間の法人の場合、青色申告で確定申告書を連続して提出しており、また欠損金が生じた事業年

度に確定申告書を提出期限までに提出していた場合に適用を受けることが可能です。還付を受けようとする法人税額などを記載した還付請求書を納税地の所轄税務署長に提出します。

　この制度は資本金1億円以下の法人が対象です。当期に欠損金が出て、翌期以降に利益が出る保証がない場合や、早くに欠損金の効果を望むような場合は有効です。

　ただし、繰戻還付の計算の対象となった欠損金額は、繰越控除の適用を受けることができません。そのため、前年度の所得が800万円を超える場合は、繰越控除に比べて損をする可能性があります。

　例えば、前期の課税所得が1,000万円で、当期の欠損金額が200万円の場合、前期の納付法人税は166.8万円（＝800万円×15％＋200万円×23.4％）なので、繰戻還付金額は33.36万円（＝166.8万円×200万円÷1,000万円）となります。したがって、納付した法人税の額は133.44万円（＝166.8万円－33.36万円）です。

　ところが、翌期の課税所得が1,000万円だった場合、当期の欠損金200万円を繰越控除に使っていれば、翌期の納付法人額は120万円（＝800万円×15％）になります。

　これは法人税の税率が、所得金額が800万円以下の部分は15％で800万円超の部分は23.4％の税率を適用しているのに対して、還付では平均法を採用しているため、還付金額が少なくなるためです。

　なお、青色欠損金の繰戻還付については、法人税のみならず「地方法人税」も還付されます。

さいごに

　仮想通貨トレードやICOなどを事業目的とした法人が、あなた自身にとってメリットがあるかどうかを考えるには、税法の知識がどうしても必要になります。本書では、できるだけ分かりやすい税金の仕組みについて解説したつもりですが、筆者らの説明が分かりにくい部分もあるかとも思いますが、どうかご容赦ください。

　2017年に、突如として仮想通貨なるものが世間の耳目を集めました。2010年にビットコイン（BTC）が初めて取引された時の価格は、日本円で１BTC当たり１円未満でした。それが2017年12月には１BTCが230万円まで高騰しました。その後は随分価格も下がりましたが、2018年７月時点でも80万円くらいで売買されています。そこで、第２・第３のビットコインを探すことがトレンドとなっています。その手段がICOなのです。仮想通貨の将来性に関しては、さまざまな意見があるのも事実です。

　筆者らは、仮想通貨トレードよりも、ICO投資の将来性のほうが大きいと考えています。仮想通貨トレードを法人で行うことにも十分なメリットがありますが、ICO投資のメリットのほうがむしろ大きいと考えているのです。

なお、本書の中で「役員報酬をどう決めるか」について、筆者なりの考え方を説明しています。この考え方の基本は、社会保険料負担の大きさを考慮せずに月額役員報酬を決定することはできないという現実です。

　本書は、仮想通貨トレードやICOのために法人化を考える人に手に取っていただきたいという思いで執筆したものです。法人化を検討されている人はいうに及ばず、現状は個人でのトレードで満足である人にも一読していただければ幸いです。将来法人化を考えるときがあなたにも来るかもしれないからです。

　最後に、不躾な申し出にもかかわらず本書の出版を快諾いただきましたパンローリング株式会社の後藤康徳社長、企画段階からいろいろとアドバイスをいただいた編集部の徳富啓介氏、さらに本書の執筆にあたって実践者ならではの有益な情報を提供くださった顧問先の方々にこの場をお借りして、心よりお礼を申し上げます。
　本当にありがとうございました。

著者代表　柴崎　照久

【著者紹介：第2～7章担当】

柴崎照久（しばさき・てるひさ）

　　公認会計士・税理士・行政書士
　　税理士法人サポートリンク 代表税理士
　　柴崎公認会計士事務所代表

監査法人トーマツを経て、平成2年独立開業。中小企業の良き相談相手として、主に税理士業務を中心に活動する。元々独立を考えていなかったことが災いして？　あるいは、シャイな性格のため？　開業当初は新規顧客の開拓には大いに苦労する。開業後は、インターネットの活用に積極的に取り組み、インターネット経由で顧客を獲得する手法を早くから実践。「税理士」サイトのほかに、「ＦＸ法人化・会社設立応援団」サイトを開設し、会社設立とその後の税務顧問を一括して引き受けるという顧客獲得手法を見出す。最近は、新規顧客獲得の多くがネット経由という状況になり、ようやく時代が追いついてきたという感じ。常に一歩先を行く先進的経営を追求する会計事務所でありたいと考えている。

◇連絡先：税理士法人サポートリンク

　〒651-0084　兵庫県神戸市中央区浜辺通 3-1-2　NLC 三宮ビル 603B
　サイト：　http://www.ico55.biz/（仮想通貨トレード法人設立・税務専門サイト）
　メール：　actus@gaia.eonet.ne.jp
　電　話：　078-271-1465

【著者紹介：第1章担当】

木村健太（きむら・けんた）

　　税理士
　　税理士法人ほはば 代表税理士

システムエンジニアとしてシステム開発に従事したあと会計・税理士業界へ。平成17年に税理士資格を取得。お客様と同じ "歩幅" で歩む税理士でありたいという思いから、平成23年税理士法人ほはばを設立、代表社員に就任。システムエンジニアの経験を生かし、IT を駆使した事務所運営で規模拡大を図る。日頃から税務関係にとどまらず広く世情にアンテナをはり、講師として勉強会を開催。不動産投資から株式、FX など、自身も投資に取り組むことにより各分野の投資経験と税務の専門知識を融合してお客様にとって最適な提案を行っている。平成29年からは仮想通貨投資家の税務をサポート、鞍手町に開設した日本初のブロックチェーンビレッジの設立に関与。これまでサポートした多く方からの要望により本書を執筆。

◇連絡先：税理士法人ほはば

　〒108-0073　東京都港区三田 1-4-28　三田国際ビル 18F
　サイト：　http://www.hohaba.com/
　メール：　daihyo@hohaba.jp
　電　話：　03-6261-5805

2018年11月3日　初版第1刷発行

現代の錬金術師シリーズ ⑭⑦

仮想通貨トレード法人の設立と節税
── 個人投資家のための起業 A to Z

著　者	柴崎照久
	木村健太
発行者	後藤康徳
発行所	パンローリング株式会社
	〒160-0023　東京都新宿区西新宿 7-9-18　6階
	TEL 03-5386-7391　FAX 03-5386-7393
	http://www.panrolling.com/
	E-mail　info@panrolling.com
装　丁	パンローリング装丁室
組　版	パンローリング制作室
印刷・製本	株式会社シナノ

ISBN978-4-7759-9162-6

【免責事項】
本書で紹介している方法や技術、指標が利益を生む、あるいは損失につながることはないと
仮定してはなりません。過去の結果は必ずしも将来の結果を示すものではなく、本書の実例
は教育的な目的のみで用いられるものです。